Estándar
SAP ABAP

Por Gupton Brazile

Todos los derechos reservados. Ninguna parte de este libro se puede reproducir, almacenar en sistema alguno de recuperación, o transmitir en ninguna forma, o por ningún medio electrónico, mecánico, fotocopia, grabación o cualquier otro, sin la autorización escrita del editor.

© Gupton Brazile
email: Gupton.brazile@hotmail.com
REGISTRO SAFECREATIVE: 1902189973986
ISBN: 978-0-359-44879-1

ISBN 978-0-359-44879-1

Proverbios 1-5

Hijo mío, si recibes mis palabras y guardas en ti mis mandamientos, haciendo estar atento tu oído a la sabiduría; si inclinas tu corazón a la prudencia, si invocas a la inteligencia y pides que la prudencia te asista; si la buscas como si fuera plata y la examinas como a un tesoro, entonces entenderás el temor de Jehová y hallarás el conocimiento de Dios.

Agradecimientos

A Jehová mi Dios, que me rescató de donde estaba, y continuamente me inspira a emprender nuevas obras.

A mi amada Josefina, que me tiene paciencia cada vez que empiezo a escribir un nuevo libro.

A mi amigo y mentor Sergio Cannelli, que desarrolló gran parte del material presentado en este libro, y me tuvo mucha paciencia cuando tenía dudas de ABAP. Gracias, por ti soy un mejor consultor.

A mis hijos, Ángel y Damián, que me motivan a seguir escribiendo nuevas obras.

CONTENIDO

Prefacio

Cuando un desarrollador ABAP llega a tener cierta experiencia y avanza en su carrera, el siguiente paso para algunos consiste en ser el líder de un equipo de desarrolladores y hacer que se elaboren buenos programas, apegados a las mejores prácticas de desarrollo de SAP, a fin de homologar, estandarizar y controlar mejor todo lo hecho en casa por el equipo. Sin embargo, en mi experiencia, que una persona sea un excelente desarrollador, no implica que sea un buen coordinador o que conozca los procesos que se deberían tener para asegurar que las personas del equipo van a desarrollar todo de acuerdo a su estándar. Y aunque tenga la idea, muchas veces para hacer esto, tiene que arrancar de cero para elaborar los documentos que contengan las mejores prácticas de desarrollo en ABAP.

Antes de continuar sobre el tema, permítanme presentarme. Mi nombre es Raúl Ibáñez Lopátegui (uso el pseudónimo de Gupton Brazile para escribir mis libros, por una cuestión de marca), y tengo la formación de Ingeniero en Computación, Maestría en Ingeniería Informática enfocada en redes de cableado estructurado, diseño de bases de datos y uso de algoritmos matemáticos para la mejora del rendimiento de programas. Estoy especializado en Logística de Distribución, en Preventa y Reparto, así como en Administración de Negocios, en programación SAP ABAP, SAP Sales and Distribution, y también soy funcional de tiendas web ISA-R3 de CRM en SAP.

Conozco las metodologías de calidad llamadas QS-9000, Lean Manufacturing, Six Sigma, 5S's, Map Fxe, ITIL, ASAP, entre otras.

Con todo esto, a lo largo de mi carrera profesional en SAP, y específicamente en ABAP como líder, tuve que desarrollar algunos procedimientos para asegurarme que la gente que trabajaba conmigo se apegara a ciertos lineamientos, o dicho de otra forma, que usaran "las mejores prácticas" de desarrollo. En su momento, me reuní con los programadores que tenían más tiempo en el trabajo en el que estuve, y con ellos fuimos armando varios de los estándares que presento aquí. Obviamente, esto llevó tiempo, y yo sé que muchas veces en un proyecto de SAP, urgen las cosas y lo que menos tienes es tiempo. Así que pensé en escribir este libro para ayudarte a crear tus propios estándares, y si gustas, tomes como plantilla los que yo voy a mostrar aquí. Claro, es posible que después de leerlos tú quieras cambiar algunas cosas y hacer que se apeguen más a tu idea de cómo quedaría mejor, o tal vez en donde estás trabajando ya llevan años nombrando algunos objetos de una forma especial. Es por eso que al final de este libro, pongo a disposición de todos una liga en donde podrán descargar los archivos de manera editable, a fin de que los tomes y hagas los cambios que tú consideres pertinentes para tu empresa. La idea es que no tengas que invertir todo el tiempo que se necesita para redactar un estándar de desarrollo, sino que tomes este y después solo apliques los ajustes que más te convengan.

Espero que al leer este libro, puedas aplicar algunos de los procesos y de los ejemplos que se mencionan en él.

Gracias por tu tiempo. ¡Comencemos!

Capítulo 1
Estándar ABAP

Primero que nada, este libro es la compilación de varios documentos que servirán al lector para tener como referencia para guiar a su equipo (o a él mismo) en una línea homologada de la manera de programar. También se va a incluir otro capítulo mencionando el estándar para la programación orientada a objetos en ABAP, otro más sobre los web dynpros ABAP, y otro con procedimientos que ayudarán al lector a implantar la misma en un grupo de desarrolladores. Al final del libro, como prometí, podrán acceder a cada uno de estos documentos por separado en un archivo comprimido, pero que están de forma editable, a fin de que cada desarrollador pueda hacer ligeros cambios que yo sé que son necesarios, pues en cada compañía se pueden tener estándares ligeramente diferentes, pero éstos servirán como plantilla para que todos los sigan. Así, comienza la parte del estándar ABAP a continuación.

Este documento es una recopilación de opciones de código para ABAP/4 que permitan obtener un código entendible y eficiente para la creación de programas nuevos o el mantenimiento a programas ya existentes.

Dada la estructura de ABAP, que es un lenguaje enfocado a Eventos donde no se requiere una secuencia en la codificación de los mismos se requiere un conjunto de normas que vengan a homogenizar las diferentes técnicas de los programadores de ABAP, este es el objetivo del presente documento.

Adicionalmente se indica la manera más eficiente de acceso a la base de datos a fin de dar una guía al desarrollador que lo oriente sobre la manera de eficientar sus programas dando un tiempo mínimo de respuesta en accesos a las tablas de SAP.

1. Estándares Generales

1.1 Nombres de Programas

- Para el caso de clientes que manejen sus propias políticas para nombres de elementos creados, se seguirá el estándar marcado por el cliente. En caso contrario se aplicarán los criterios marcados en este documento.

- "Z"   Como primer carácter

  XX   Dos caracteres para identificar el proyecto

  XX   Dos caracteres para identificar el módulo SAP

  XX   Dos caracteres para identificar tipo de desarrollo, ejemplo:

RE	Report
IN	Interfase
SS	Sap Script
MP	Modulpool
BI	Batch Input
XXX	los siguientes 3 caracteres serán un consecutivo.

Ejemplo:

ZBBFIRE001

Proyecto BB = Big Bang

Modulo FI = Finanzas

Tipo Programa RE = Report

001 = Primer programa de ese tipo en ese modulo.

- El nombre interno de los programas indicado en la clausula REPORT deberá ser el mismo con el cual se identifica el programa externamente.

- Se manejará un programa marco el cual tendrá el nombre que identifica al desarrollo, este contendrá la estructura principal del proceso, para la declaración de variables se usará un include adicional mismo que se identificará con el nombre del programa y la letra "A" al final, para el caso de rutinas, también tendrán su propio include que se identificará con la letra B al final del nombre del mismo.

Ejemplo:

ZBBFIRE001A   Variables

ZBBFIRE001B   Rutinas

- Para el caso de procesos adicionales que requieran desarrollarse en forma independiente al programa marco, el nombre de los programas será el mismo separado por un guión bajo y un consecutivo, y de igual forma si estos requieren includes deberán seguir el mismo formato con las letras al final de los mismos que los diferencian.

Ejemplo:

```
Programa         Título report

ZBBFIRE012       Proceso de automatización de saldos

ZBBFIRE012_2     Captura Pantalla auxiliar de cuentas

ZBBFIRE012A      Declaración de variables para el proceso

                 De automatización de saldos

ZBBFIRE012B      Declaración de rutinas para el proceso

                 De automatización de saldos
```

- El titulo de todos los programas relacionados con un mismo requerimiento debe de indicar una descripción corta del mismo.

1.2   Comentarios, Formato, Estructura

1.2.1 Comentarios

Los comentarios internos en el código del programa, son una herramienta esencial que facilita la comprensión y el mantenimiento posterior de los programas.

- Los comentarios comienzan en el programa marco, en su parte inicial, donde debemos especificar el objetivo, personas relacionadas a la creación del mismo, fechas y todas las modificaciones hechas al código.

Ejemplo:

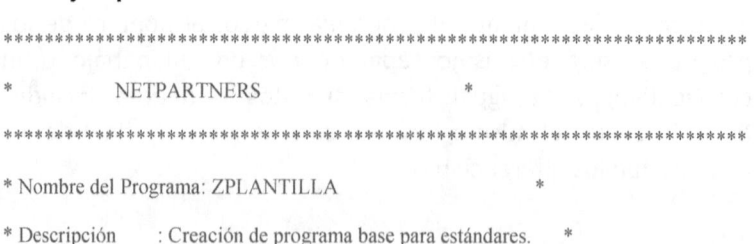

```
*******************************************************************

*        NETPARTNERS                      *

*******************************************************************

* Nombre del Programa: ZPLANTILLA                      *

* Descripción    : Creación de programa base para estándares.    *
```

```
*                    Aquí deberá detallar el objetivo y funcionalidad*

*           del programa.                    *

* Funcional       : Nombre del Diseñador Funcional.           *

* Programador      : Nombre del Programador ABAP.               *

* Fecha Creación    : Fecha de creación del código.           *


***************************************************************
Transportes
***************************************************************  FECHA
PROGRAMADOR  DESCRIPCION   ORDEN DE TRANSPORTE
***************************************************************

***************************************************************
LOG DE MODIFICACIONES
***************************************************************  FECHA
PROGRAMADOR  DESCRIPCION
***************************************************************

* DD/MM/AAAA  ID-USUARIO   Descripción de la modificación realizada   *

*                        *

*                        *

***************************************************************

REPORT ZPLANTILLA

      NO STANDARD PAGE HEADING

      LINE-SIZE XXX

      LINE-COUNT XX

      MESSAGE-ID XX.


*-------------------------------------------------------------*

* Declaración de Includes.                    *

*-------------------------------------------------------------*
```

INCLUDES:

```
*-----------------------------------------------------------*
* Evento de inicialización.                                 *
* --------------------------------------------------------*
```

INITIALIZATION.

```
*-----------------------------------------------------------*
* Evento Selección de Pantalla.                             *
*-----------------------------------------------------------*
```

AT SELECTION-SCREEN.

```
*-----------------------------------------------------------*
* Evento de Uso de Comandos                                 *
*-----------------------------------------------------------*
```

AT USER-COMMAND.

```
*-----------------------------------------------------------*
* Proceso Principal.                                        *
*-----------------------------------------------------------*
```

START-OF-SELECTION.

```
*-----------------------------------------------------------*
* Acciones a realizarse al final de la selección.        *          *-------------------
-------------------------------------------*
```

END-OF-SELECTION.

```
*-----------------------------------------------------------*
* Titulos de Página.                                        *
*-----------------------------------------------------------*
```

TOP-OF-PAGE.

- Se deberá generar la documentación de cada programa realizado dentro del sistema. (Transacción SE38 – Editor: Pasar a – Documentación).

- Toda modificación realizada deberá documentarse en el LOG de Modificaciones del programa.

- Todos los comentarios deberán realizarse en minúsculas y mayúsculas y el código del programa se hará usando mayúsculas exclusivamente.

- Cuide su ortografía dentro de los comentarios.

- Deberá comentar TODOS los siguientes puntos:

1. Llamadas a rutinas (Performs)

2. Condiciones

3. Ciclos

4. Llamadas a funciones

5. Y cualquier punto que el programador considere relevante en el flujo lógico del programa.

   Ejemplo:

```
* Este Módulo de función formatea y
manda ejecutar

* la Trans. MB01
     CALL FUNCTION 'POST_GOODS_RECEIPT'
          EXPORTING

          TCODE = V_TCODE
               IMPORTING

          DYNPROTAB = I_BDC.
```

1.2.2 Formateo

1.2.3 FORMS - RUTINAS

Un código largo y complejo se debe dividir en RUTINAS, donde cada una de ellas realizará una determinada función o funciones, esto facilitará la comprensión y el manejo de los programas.

- Los FORMS son subprogramas que le permiten a un programador definir un proceso una vez en un programa y llamar a esta rutina de diferentes lugares dentro del programa. Si un bloque de código se ejecuta más de una vez, debe ponerse en un subprograma. Al crear el FORM con el Workbench, se creará en un INCLUDE. Esto hace al código más legible, requiere menos sangrado, y es más fácil "debugear" ya que se pueden hacer saltos cuando el programador requiere revisar paso a paso el proceso de ejecución del programa.

- Cada FORM debe tener SOLO UNA FUNCION específica y no debe de exceder de una página de código.

- Los FORMS solo podrán ser definidos en un INCLUDE DE RUTINAS y estos deben ser comentados en cuanto al objetivo y proceso del mismo, así como en caso de usar parámetros estos deben de ser descritos.

- El nombre de los FORMS deberá iniciar con la letra "F" seguida de una pequeña descripción del objetivo, para separar use el caracter "_".

- Use la caja de comentarios que por DEFAULT crea el editor al momento de definir un FORM, en esta caja describa el objetivo de la rutina, cierre todos los comentarios con "*" al final para que quede cerrada la caja de texto.

- En caso de usar parámetros liste cada uno de ellos alineados en forma vertical.

  Ejemplo del llamado:

  ```
  PERFORM F_LLENA_TABLA_EXITOSOS

      USING   T_REEXP-RACCT

              T_REEXP-BILKT

              T_REEXP-HSL02
              T_REEXP-REX02.
  ```

  Ejemplo de la definición:

  ```
  FORM F_LLENA_TABLA_EXITOSOS

      USING   SAKNR LIKE SKA1-SAKNR

              BILKT LIKE SKA1-BILKT

              HSLXX LIKE T_REEXP-HSL01

              REXXX LIKE T_REEXP-REX01.
  ```

- Como puede observar, la lista de parámetros tanto en la llamada al FORM como en la definición de la misma la sentencia USING se alinea en la segunda línea bajo el nombre de la rutina y todos los parámetros se definen hacia abajo alineados.

1.2.4 Elementos de Texto

Cada programa ABAP podrá tener elementos de texto asociados y constantes del Código fuente definidos dentro de la sección de

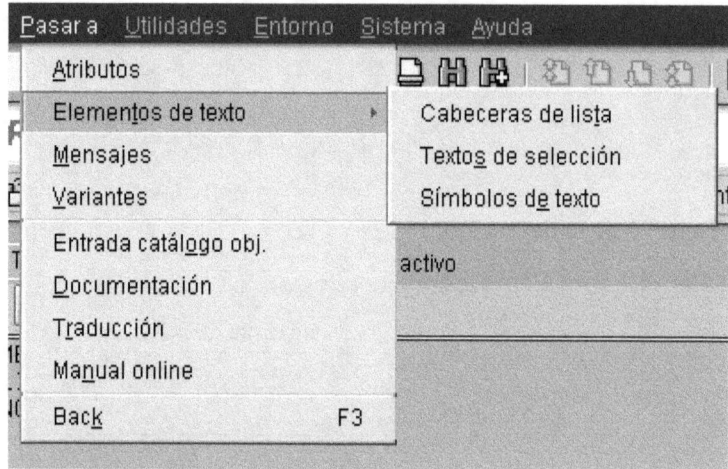

Elementos de Texto, estos pueden ser:

- **Cabeceras de Lista** – Dado que por estándar usamos la cláusula "No Standard Page Heading" en la definición del reporte, esta definición de cabeceras no aplica.

- **Textos de Selección** – Toda descripción de variables de entrada definido con un Select-options o un Parameters se hará en esta parte, dichas descripciones serán en minúsculas salvo las letras iniciales de cada título que serán en mayúsculas.

- **Símbolos de Texto** – Todos los textos como títulos o mensajes que requiera definir en el programa se harán en esta parte, usando el siguiente esquema:

TEXT-001

TEXT-002

Seguirá una secuencia de numeración de tantos textos requiera en su código.

Ejemplo: (Forma Incorrecta)

```
WRITE: / 'Gran Total:' (001).
```

Ejemplo: (Forma Correcta)

```
WRITE: / TEXT-001.
```

La ventaja de usar este método es facilitar el mantenimiento, si un TEXT-001 es codificado un "n" número de veces en el código y posteriormente se requiere cambiar solo se remplaza una sola vez en la definición de textos.

1.2.5 Formateo de Comandos

- Use una línea para cada objeto a definir, aun y cuando sean múltiples objetos para una misma instrucción.

Ejemplo:

Correcto

```WRITE: / 01 xxxxxxx1,```
 	
```   10 xxxxxxx2,```
 	
```   15 xxxxxxx3.```

Incorrecto
```WRITE: / 01 xxxxxxx1, 10   xxxxxxx2, 15   xxxxxxx3.```

Ejemplo:

Correcto
TABLES: T1, "descripción
T2, "descripción
T3. "descripción
Incorrecto
TABLES: T1, T2, T3.

- Cada comando ABAP consiste de una sentencia terminando con un "punto", SAP permite la definición de múltiples comandos en una misma línea, sin embargo, por estándares SE PROHIBE LA DEFINICION MULTIPLE DE COMANDOS EN UNA SOLA LINEA DE CODIGO. Esto facilita la eliminación y comentarios en el código así como el debugueo.

Ejemplo:

Correcto
IF V_X = 3 AND
V_Y = 2 AND
V_Z = 1.
PERFORM....
ENDIF.

Incorrecto
IF V_X = 3 AND V_Y =2 AND V_Z = 1   PERFORM... .   ENDIF.

1.3 Estructura de Código ABAP

La estructura estándar para un ABAP/4 Report es:

```
REPORT

CLAUSULAS

* Declaración de Elementos

          TYPES OR TYPE-POOLS

          PARAMETERS

          SELECT-OPTIONS

          TABLES

          DATA

          RANGES

          FIELD-GROUPS

          FIELDS

          FIELD-SYMBOLS

* Eventos

          INITIALIZATION
          AT SELECTION-SCREEN
          START-OF-SELECTION
          GET
          END-OF-SELECTION
          TOP-OF-PAGE
          END-OF-PAGE
```

```
* Elementos de Control


        TOP-OF-PAGE DURING LINE-SELECTION
        AT LINE-SELECTION
        AT PFnn
        AT USER-COMMAND

* Elementos opcionales

        FORM f/ ENDFORM
```

1.3.1 Estructura para programación modular

1.3.2 Flujo lógico de las pantallas

- Ponga el AT EXIT COMMAND al iniciar el flujo lógico.

    Ejemplo:

```
PROCESS AFTER INPUT.
                            MODULE
EXIT_1170 AT EXIT-COMMAND.
                MODULE PAI_1170.
```

- Use el FIELD and CHAIN para validar los campos de entrada y permitir la corrección de los valores dados.

    Ejemplo:

```
PROCESS AFTER INPUT.

    MODULE EXIT_1170 AT EXIT-COMMAND.
                    CHAIN.

                FIELD BTCH1170-
JOBNAME.
            FIELD BTCH1170-USERNAME.
                            FIELD
BTCH1170-FROM_DATE.
                FIELD BTCH1170-
FROM_TIME.
    MODULE PAI_1170.
                    ENDCHAIN.
```

1.3.3 Screens

- Cuando diseñe las pantallas declare los campos en la secuencia en que normalmente son declarados en las pantallas estándares de SAP.

- Todas las etiquetas y campos declarados deben estar alineados.

- Ponga el cursor en el campo de entrada con el cual se debe de iniciar la captura de los datos.

1.3.4 GUI Status

- Crear una barra de títulos para cada pantalla con una identificación de la misma.

- Use el estándar de SAP propuesto para las teclas PF.

- Asegure tener activas las funciones BACK, CANCEL y EXIT.

- En la siguiente tabla se detallan los códigos que se deben definir para cada función que usted requiere declarar en un menú:

Función	Código de Función	Tipo de función
AGREGAR	ADD	
MODIFICAR	CHNG	
BORRAR	DELT	
DESPLEGAR (VISUALIZAR)	DISP	
GUARDAR (GRABAR)	SAVE	
REGRESAR	BACK	

Función	Código de Función	Tipo de función
CANCELAR	CANC	E
SALIR	EXIT	E
SELECCIONAR	CHSE	
PRIMERA PAGINA	P--	
PAGINA PREVIA	P-	
SIGUIENTE PAGINA	P+	
PAGINA ANTERIOR	P++	
IMPRIMIR	PRNT	

1.3.4.1 Modificaciones

Modificaciones a código fuente de SAP y programas cliente.

- Cuando haga modificaciones a un programa es muy importante documentar los cambios dentro del programa, además de la debida documentación en la parte del LOG debe hacer el comentario respectivo del cambio en la parte del código modificada, antes de que inicie y al final de la modificación, indicando el "ID" del usuario del programador, la fecha y la descripción de la modificación.

Ejemplo:

```
****************************************
************** Programador: SCANNELLI
* * Fecha       : 24 - Enero - 2002
*       * Descripción: Detalle del
cambio ........              *
****************************************
```

```
*************SELECT SINGLE * FROM LFA1
                                WHERE
KUNNR EQ I_TAB-KUNNR.

IF SY-SUBRC NE 0.
                        Exit.

ENDIF.
```

1.4 Nombres Internos

1.4.1 Campos y datos

Requerimientos de SAP R/3:

- ABAP permite nombres de variables de hasta 30 caracteres de longitud.

- Para SELECT-OPTIONS y PARAMETERS pueden ser de máximo 8 caracteres.

Estándares:

- Puede usar letras, números y el caracter "_".

- La primera posición del nombre nos indicará el tipo de dato al que estamos haciendo referencia (constante, variable, parámetro, etc.), para posteriormente usar el caracter "_" y una descripción del contenido de la misma.

- La siguiente tabla muestra el formato del nombre:

Posición	Descrip-ción	Valor	Significado
1-2	Descripción de Variable o dato	C_	Constante
		P_	Parámetro
		S_	Select-Options
		B_	Checkbox

		V_	Variables
		I_	Internal Tables
		L_	Local Variable
3-30	Definición libre		Descripción breve del contenido de la información de la variable o dato

1.4.2 Referencia a elementos de datos del diccionario

Cuando use variables que contendrán información que existe en la base de datos de SAP use los nombres de los elementos ya declarados en el diccionario:

Ejemplo:

```
V_KUNNR LIKE    KNA1-KUNNR,    "Número Cliente.
V_VBELN LIKE    VBAP-VBELN.    "Pedido.
```

1.4.3 Declaración de datos

Cuando declare las variables alinee el nombre de las mismas, la instrucción LIKE o TYPE que utilice así como el elemento de datos que use y el comentario descriptivo de la misma, tal y como se visualiza en el ejemplo anterior.

En cuanto al orden seguido para la declaración de datos en el INCLUDE DE VARIABLES deberá ser el siguiente:

TABLAS

CONSTANTES

VARIABLES

ESTRUCTURAS

TABLAS INTERNAS

SELECT-OPTIONS Y PARAMETERS

Cada declaración irá con su respectivo comentario que resalte el inicio de la misma.

Ejemplo:

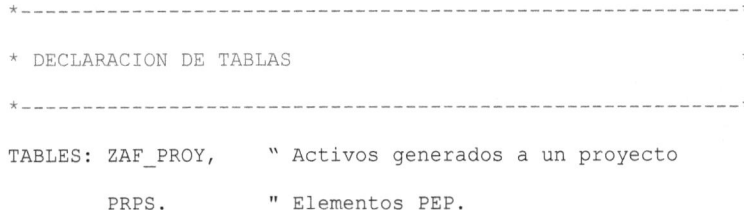

```
*---------------------------------------------------------------*
* DECLARACION DE TABLAS                                         *
*---------------------------------------------------------------*
TABLES: ZAF_PROY,     " Activos generados a un proyecto
        PRPS.         " Elementos PEP.
```

Si requiere alguna declaración adicional como TYPES, FIELDS, etc. defina estos entre la declaración de variables y la de estructuras.

1.5 Diccionario de Datos

Los nombres de los elementos creados por el desarrollador en el diccionario de datos deben de iniciar siempre con la letra "Z" y una descripción apropiada de su contenido.

Antes de crear cualquier elemento en el diccionario verifique que si existe uno que tenga la funcionalidad o naturaleza de la información que usted requiera.

Cuando defina una tabla asegúrese de indicar:

1. Mandante

2. Llave

3. Activar el checkbox de "Permitir Actualización"

Queda prohibido hacer referencia a elementos de datos que no tengan relación alguna con la información real a contener.

Ejemplo:

Si requiere crear una tabla que tendrá el campo de FECHA DE NACIMIENTO no haga referencia a un campo cualquiera de fecha de los ya declarados en SAP, como FECHA DE FACTURA o cualquier otro campo que no tiene ninguna relación con la naturaleza de la información que almacenará la tabla, verifique si en SAP existe algún elemento de datos apto para su requerimiento, en caso contrario cree alguno.

1.6. ABAP/4 Técnicas de Codificación

1.6.1 Tablas Internas

Una tabla interna es un grupo de registros creados durante la ejecución de un programa. Para su definición utilice el parámetro OCCURS estimando la cantidad de registros que esta pueda contener. En caso de ignorar la cantidad de registros que pueda contener la Tabla Interna apoyándose en el Consultor Funcional determine una cantidad aproximada de registros a fin de optimizar los recursos de la memoria.

Consideraciones:

- El parámetro OCCURS no es una restricción de memoria que origine pérdida de información en caso de que se exceda la cantidad de registros, cuando suceda algo así el sistema automáticamente provee de más memoria para cubrir la cantidad de entradas que tendrá la tabla interna.

- Si el tamaño de la tabla no puede ser definido utilice el OCCURS 0.

1.6.2 Llenado de una Tabla Interna

1.6.2.1   Select Into

Cuando requiera crear una tabla interna use la instrucción SELECT – INTO TABLE, evite el uso del INTO CORRESPONDING FIELDS que incrementan el consumo de recursos del procesador.

Ejemplo:

```
SELECT  Campo1
        Campo2
        Campo3
        Campo N
INTO TABLE I_TABLA_INTERNA
FROM  TABLA_TRANSPARENTE
WHERE CONDICIONES.
```

Si una tabla interna que ya contiene información requiere ser complementada con datos adicionales obtenidos de otro select use la instrucción APPENDING TABLE.

Consideraciones:

* El orden de los campos del SELECT debe ser el mismo que el orden físico en la tabla transparente que se está leyendo, de igual forma, deben estar declarados en la tabla interna.

* Procure que sus accesos sean por la llave de la tabla, en caso contrario revise que exista un índice que agilice la lectura, en caso contrario negocie la creación de uno.

* SIEMPRE valide el código de retorno del SELECT y haga la acción pertinente dependiendo el proceso lógico del programa.

* Asegúrese que si el SELECT hace referencia a una tabla interna en un FOR ALL ENTRIES la tabla interna que liga a los datos DEBE

TENER INFORMACION en caso contrario se cargará toda la tabla lo cual puede ocasionar un DUMP en el programa.

- Antes del SELECT codifique un REFRESH que inicialice la tabla interna, solo en caso de que esta tenga datos y usted requiera conservarlos omita esta instrucción.

1.6.2.2 Append

Agrega nuevas entradas a una tabla interna, el sistema no checa si el registro a anexar ya existe, esta validación se debe programar por medio de un READ TABLE.

Ejemplo:

Más Eficiente
`APPEND V_TAB TO I_TAB.`
Menos Eficiente
`I_TAB = V_TAB.` `APPEND I_TAB`

- Como una mejora, a partir de la versión 3.0C, la adición LINES OF puede ser usada con el APPEND. Esta adición agrega un bloque de registros en una tabla interna.

Ejemplo:

Más Eficiente
`APPEND LINES OF I_TAB1 TO I_TAB2.`
Menos Eficiente

```
LOOP AT I_TAB1.
    APPEND I_TAB1 TO I_TAB2
ENDLOOP.
```

1.6.2.3 Insert

Use el INSERT para anexar un solo registro o un bloque en una determinada posición de la tabla interna.

Ejemplo:

```
INSERT I_TAB INDEX 6.
```

Ejemplo:

```
INSERT LINES OF I_TAB1 FROM 3 TO 5
INTO I_TAB2 INDEX 4.
```

1.6.3 Recuperando información de una tabla interna

1.6.3.1   Read Table

READ TABLE es usado para leer un registro de una tabla interna, el registro leído queda en el Header.

READ TABLE I_TAB INTO , lee un registro mismo que queda en una área de trabajo.

Consideraciones:

- Para accesar rápidamente la tabla primero ordene con un SORT los registros, esto hará más eficiente su lectura, sobre todo si acompaña al READ con la orden BINARY SEARCH.

- No olvide validar el resultado ó código de retorno SY-SUBRC después de la lectura con READ.

- El READ solo detectará el primer registro que cumpla la condición especificada en el WITH KEY.

- El formato para codificación será el siguiente:

```
READ TABLE I_TABLA_INTERNA
  WITH KEY LLAVE
    BINARY SEARCH.

IF SY-SUBRC = 0.

ENDIF.
```

1.6.3.2 Loop

Procesa los registros de una tabla interna, adicionalmente se puede indicar una determinada condición, mientras esta se cumpla se ejecuta un grupo de instrucciones.

- Se puede anexar el FROM para procesar la tabla interna a partir de un determinado registro.

- El formato para codificación es el siguiente:

```
* Ciclo para procesar las partidas pertenecientes al
* pedido analizado.
        LOOP I_TABLA INTERNA
          WHERE CONDICION.

        INSTRUCCIONES

        ENDLOOP.
```

Deberá de indicar con comentarios el objetivo del ciclo, posteriormente alinear las instrucciones al inicio del comentario, el where se alinea al nombre de la tabla interna así como las "n" instrucciones que conformen el bucle.

1.6.4 Modificando una Tabla Interna

1.6.4.1 Modify

- El formato para codificación es el siguiente:

```
MODIFY I_TABLA_INTERNA

MODIFY I_TABLA_INTERNA INDEX V_APUNTADOR.

MODIFY I_TABLA_INTERNA   INDEX V_APUNTA
                TRANSPORTING CAMPO1,
                             CAMPO2.
```

Los campos indicados en el caso de usar el TRANSPORTING deben ser indicados en forma vertical y alineados.

1.6.4.2 Delete

Consideraciones:

- Para borrar una tabla interna completa use el REFRESH..

- El formato es el siguiente:

```
DELETE I_TABLA_INTERNA.

DELETE I_TABLA_INTERNA
   WHERE CONDICION.
```

1.6.4.3 Ordenando una Tabla Interna

Mejore el uso del estatuto SORT especificando con la opción BY el o los campos sobre los cuales se hará la ordenación.

- El formato es el siguiente:

```
SORT I_TABLA_INTERNA
   BY CAMPO1
      CAMPO2.
```

Ejemplo:

Más Eficiente

`SORT ITAB`
`   BY FLD1`
`      FLD2`

Menos Eficiente
`SORT ITAB.`

1.7 SQL

1.7.1 ABAP/4 Open SQL

El idioma de programación de SAP ABAP/4 tiene su propio dialecto de SQL. Éste es un idioma de SQL rudimentario diseñado para la compatibilidad de la base de datos e independencia de la misma. La filosofía del plan era reducir la funcionalidad de SQL a tal un nivel que el código escrito en ABAP/4 SQL sea conveniente para la ejecución en todas las bases de datos mayores usadas por SAP, mejorando la portabilidad.

- Cuando codifique un SELECT especifique la llave lo más completa posible.

- El orden de las condiciones del WHERE debe ser el mismo que el de la llave o que el del índice en su caso.

- El uso del LIKE en un SELECT causa barridos de la tabla completa causando un bajo rendimiento y un consumo enorme de recursos.

- Los campos usados para comparar en las condiciones deben ser de tipos similares o compatibles, cuando no es así SAP trata de hacer las conversiones necesarias causando un mal tiempo de respuesta además de poder generar un DUMP, si los datos no son compatibles use un campo temporal para convertirlos antes de hacer la lectura.

- Si no requiere todos los campos de la tabla evite el uso del SELECT *

1.7.2 Seleccionando datos de Tablas Transparentes y Tablas Pool

Al seleccionar los registros de una tabla transparente o pool evalúe la condición del SELECT de tal manera que sea lo más óptima para tener un tiempo corto de respuesta.

Ejemplo:

Más eficiente

```
SELECT * FROM ZZLT2
    WHERE       RLDNR = V_LDGR
    AND         RRCTY = '0'
    AND         RVERS = '001'
    AND         RYEAR = V_YR
    AND         BUKRS =  V_CMPNY
    AND         RACCT = V_ACCT
    AND         RCNTR = V_CNTR.
    ...... .
```

Menos eficiente

```
SELECT * FROM ZZLT2
    WHERE       RLDNR = V_LDGR
    AND         RRCTY = '0'
    AND         RVERS = '001'
    AND         RYEAR = V_YR.
    CHECK V_CMPNY.
    CHECK V_ACCT.
    CHECK V_CNTR.
        ........
ENDSELECT.
```

- No use SELECT – ENDSELECT

- No anide SELECT.

1.7.3 Llenando Tablas Internas

Use el SELECT INTO TABLE en lugar de un SELECT – ENDSELECT con un APPEND dentro.

Ejemplo:

Select Into Table – Mas Eficiente

```
SELECT * FROM T006
    INTO TABLE  I_T006.
```

Select + Append - Menos eficiente

```
REFRESH X006.
SELECT * FROM T006 INTO I_T006.
   APPEND I_T006.
ENDSELECT.
```

1.7.3.1   Up To 1 Rows
Use este estatuto en el SELECT cuando el resultado de la lectura pueda ser de más de un registro y solo se requiera encontrar el primero que cumpla la condición.

1.7.4 Actualización de tablas transparentes.
Por estándar, las tablas propias de SAP NUNCA PUEDEN ACTUALIZARSE, en ellas solo aplican las actualizaciones propias de las transacciones de SAP, esta es la forma en que se garantiza la consistencia de la información, sin embargo las tablas "Z" creadas por los desarrolladores si pueden ser actualizadas por medio de las instrucciones UPDATE, INSERT y DELETE, cuyo formato es el siguiente:

- INSERT TABLA FROM AREA.
- UPDATE TABLA FROM AREA
- DELETE TABLA
       WHERE CONDICION.

1.8 Cadenas de Caracteres

1.8.1 Concatenate
Use el estatuto CONCATENATE para unir cadenas de caracteres.

- El formato es el siguiente:

```
CONCATENATE VARIABLE1
            VARIABLE2
            VARIABLE3
       INTO V_DESTINO
```

```
SEPARATED BY SPACES.
```

1.8.2 Eliminar Espacios

Para eliminar espacios use la instrucción SHIFT.

- El formato es el siguiente:

```
SHIFT VARIABLE LEFT DELETING SPACE.
```

1.8.3 Split

Use el estatuto SPLIT para separar una cadena de caracteres.

- El formato es el siguiente:

```
SPLIT VARIABLE AT 'SEPARADOR' INTO    V_DESTINO1
                                      V_DESTINO2

                                      V_DESTINO3.
```

1.9 Ciclos y Condiciones

Para el caso de ciclos y condiciones estos deben ser primeramente comentados antes de su codificación, para posteriormente seguir el formato que se especifica para cada caso.

1.9.1 IF – ENDIF.

Formato:

```
* Ejemplo de condiciones.
  IF CONDICION1 AND
     CONDICION2 AND
     CONDICION3.

     INSTRUCCIONES.

  ENDIF.
```

- El IF se codifica alineado a la primera letra de los comentarios.

- Donde las "n" condiciones que requiera el IF se alinean en forma vertical, y las instrucciones que dependan de la condición se codifican alineadas a las condiciones.

- Deje una línea en blanco entre el bloque de instrucciones y las condiciones y el ENDIF.

- La cantidad máxima de IF anidados permitidos es 4, si requiere más de estos haga llamados a rutinas.

1.9.2 WHILE – ENDWHILE.
Formato:

```
* Ciclo de ejemplo
  WHILE CONDICION1 AND
        CONDICION2 AND
        CONDICION3.

        INSTRUCCIONES.

  ENDWHILE
```

- El While se codifica alineado a la primera letra de los comentarios.

- Donde las "n" condiciones que requiera el WHILE se alinean en forma vertical, y las instrucciones que conforman el ciclo se codifican alineadas a las condiciones.

- Deje una línea en blanco entre el bloque de instrucciones y las condiciones y el ENDWHILE.

- La cantidad máxima de CICLOS anidados permitidos es 4, si requiere más de estos haga llamados a rutinas.

Capítulo 2
Estándares de Programación Orientada a Objetos

Las principales ventajas de la programación orientada a objetos son:

- Sistemas de software muy complejos se vuelven mucho más simples de comprender debido a que la orientación a objetos proporciona una representación mucho más cercana a la realidad que otras técnicas de programación.
- En un sistema correctamente diseñado con orientación a objetos es posible realizar cambios al nivel de las clases, sin tener que realizar cambios en ningún otro punto del sistema. Esto reduce significativamente el costo total del mantenimiento necesario.
- A través del polimorfismo y la herencia es posible la reutilización de componentes individuales.
- La cantidad de trabajo en revisión y mantenimiento del sistema se reduce debido a que muchos problemas pueden ser detectados y corregidos en la fase de diseño.

2.1 Lenguajes de programación orientados a objetos

Las técnicas de programación orientadas a objetos no utilizan necesariamente un lenguaje orientado a objetos, aunque la eficiencia del desarrollo depende directamente de la utilización o no de un lenguaje orientado a objetos.

2.2 Herramientas orientadas a objetos

Estas herramientas permiten crear programas orientados a objetos en lenguajes orientados a objetos. Permiten además diseñar y almacenar los objetos desarrollados y las relaciones entre ellos.

2.3 Diseño orientado a objetos

El diseño orientado a objetos de un sistema de software es, de todos los requerimientos para conseguir las ventajas arriba enumeradas, el más importante, el que más tiempo consume y el más difícil de llevar a cabo.

2.4 ¿Qué son los Objetos ABAP (ABAP OBJECTS)?

Este es un nuevo concepto introducido en la versión 4.0 que tiene dos significados, por un lado se refiere al entorno de ejecución ABAP y por otro a la extensión orientada a objetos del lenguaje ABAP.

2.5 El entorno de ejecución

El nombre de *ABAP objects* para todo el entorno de ejecución ABAP quiere indicar el objetivo aún no totalmente desarrollado de adaptar SAP completamente a la orientación a objetos. El *ABAP Workbench* permite crear objetos del *R/3 Repository* tales como programas, objetos de autorización, objetos de bloqueo, etcétera. El *Business Object Repository* (BOR) permite crear SAP Business objects. Hasta ahora las técnicas de orientación a objetos se habían usado exclusivamente en el diseño, pero desde la versión 4.0 el lenguaje ABAP es ya un lenguaje orientado a objetos.

2.6 Extensión orientada a objetos de ABAP

ABAP Objects es asimismo un conjunto de sentencias orientadas a objetos que han sido introducidas dentro del lenguaje ABAP. Esta extensión se cimenta en el lenguaje ya existente, siendo compatible con él. Se pueden usar objetos en programas existentes, de la misma manera que se pueden usar sentencias ABAP convencionales en programas ABAP orientados a objetos.

El resto del lenguaje ABAP está creado desde un principio orientado a una programación estructurada, en la cual los datos se almacenan de manera estructurada en tablas en la base de datos y los programas mediante funciones acceden a estos datos y trabajan con ellos.

2.6.1 Paso de las Funciones a los Objetos

Los objetos son el centro de cualquier modelo orientado a objetos. Los objetos contienen atributos (datos) y métodos (funciones). Uno de sus principales objetivos es el suministrar al desarrollador de software una forma de trabajo en la cual poder examinar un problema real y poder proporcionar una solución individualizada al problema. En el entorno de los negocios podrían ser objetos las entidades *Cliente*, *Factura*, etcétera.

Desde la versión 3.1 en adelante, el Business Object Repository (BOR) contiene ejemplos de tales objetos (transacción SW02).

Lo más parecido a los objetos que tenía ABAP eran los módulos de funciones y los grupos de funciones.

Supongamos que tenemos un grupo de funciones para procesar pedidos. Los atributos de un pedido son los datos globales del grupo de funciones, mientras que los módulos de funciones son las acciones que manipulan los datos, o sea los métodos. Esto quiere decir que los datos reales del pedido están encapsulados en el grupo de funciones y no se puede acceder directamente a ellos, sólo mediante los módulos de funciones. De esta manera se garantiza la consistencia de los datos.

Cuando se ejecuta un programa ABAP, el sistema inicia una nueva sesión interna que tiene una zona de memoria en la cual reside el programa ABAP y sus datos asociados. Cuando el programa llama a un módulo de funciones, una instancia del grupo de funciones más sus datos es cargado en el área de memoria de la sesión interna. Un programa puede cargar distintas instancias llamando a módulos de funciones de diferentes grupos de funciones.

La instancia de un grupo de funciones en el área de memoria de la sesión interna representa prácticamente el concepto de objeto. Cuando se llama al módulo de funciones, el programa que llama usa la instancia del grupo de funciones basada en su descripción en la biblioteca de funciones. El programa no puede acceder a los datos en el grupo de funciones directamente pero sí a través del módulo de funciones. El módulo de funciones y sus parámetros son la interface ente el grupo de funciones y el usuario.

La principal diferencia ente la verdadera orientación a objetos y los grupos de funciones es que mientras que un programa puede trabajar simultáneamente con varios grupos de funciones, no puede hacerlo con varias instancias de un mismo grupo.

EJEMPLO

En el siguiente ejemplo vemos la orientación a objetos de un sencillo grupo de funciones como es el caso de un contador:

Supongamos que tenemos el grupo de funciones COUNTER.

```
FUNCTION-POOL contador.

DATA: cont TYPE i.

FUNCTION fijar_contador.

* Interface local ☐☐importing value (fijar_valor)

cont = fijar_valor.

ENDFUNCTION.

FUNCTION incrementar_contador.

ADD 1 TO cont.

ENDFUNCTION.

FUNCTION obtener_contador.

* Interface local ☐☐exporting value (obtener_valor)

obtener_valor = cont.

ENDFUNCTION.
```

El grupo de funciones tiene un campo entero llamado cont y tres módulos de funciones, fijar_contador, incrementar_contador y obtener_contador que trabajan con este campo. Dos de los módulos de funciones tienen parámetro input y output. Son los módulos que conforman la interface del grupo de funciones.

Cualquier programa ABAP puede trabajar con este grupo de funciones, por ejemplo:

```
DATA numero TYPE i VALUE 5.

CALL FUNCTION 'FIJAR_CONTADOR'

EXPORTING fijar_valor = numero.

DO 3 TIMES.
```

```
CALL FUNCTION 'INCREMENTAR_CONTADOR'.

ENDDO.

CALL FUNCTION 'OBTENER_CONTADOR'

IMPORTING obtener_valor = numero.
```

Después de que esta sección del programa haya sido ejecutada, la variable numero tendrá el valor 8. El programa no puede acceder por sí mismo al campo cont del grupo de funciones. Las operaciones sobre este campo están encapsuladas en el módulo de funciones. El programa sólo puede comunicarse con el grupo de funciones mediante la llamada a los módulos de funciones.

2.7 CLASES

Las clases son las plantillas de los objetos. A la inversa, podemos decir que el tipo de un objeto es el mismo que el de su clase. Una clase es la descripción abstracta de un objeto. También podemos decir que una clase es un conjunto de instrucciones que tienen como objetivo construir un objeto. Los atributos de los objetos están definidos por los componentes de la clase (atributos, métodos y eventos), que son los que describen y controlan el comportamiento de los objetos.

2.7.1 Clases locales y globales

Las clases en ABAP Objects se pueden declarar bien globalmente o bien localmente. Las clases globales se definen en el generador de clases (transacción SE24) en el ABAP Workbench. Estas clases son almacenadas en class pools en la librería de clases en el R/3 Repository. Todos los programas ABAP en un sistema R/3 pueden acceder a las clases globales. Las clases locales se definen en un programa ABAP.

Las clases locales y sus interfaces sólo pueden ser invocadas desde el programa en el que se han definido.

Cuando se usa una clase en un programa ABAP el sistema busca primero una clase local con el nombre especificado. Si no encuentra ninguna entonces busca una clase global. A parte de la cuestión de la visibilidad, no hay ninguna diferencia entre usar una clase global o una clase local. Lo que si cambia sensiblemente es la manera en la que una clase local y una clase global son creadas.

Si se define una clase que se va a usar en un único programa, normalmente es suficiente con definir aparentemente los componentes visibles de manera que la clase se ajuste a nuestro programa. Por otro lado, las clases globales deben estar preparadas para ser usadas en cualquier parte. Esto quiere decir que se tienen que aplicar ciertas restricciones cuando se define la interface de una clase global, ya que la clase debe estar preparada para garantizar que cualquier programa que use un objeto de esa clase reconozca el tipo de datos de cada parámetro de la interface.

Veremos por un lado como crear clases e interfaces locales en un programa ABAP, para después ver cómo utilizar el generador de clases para crear clases e interfaces globales.

2.8 Estándar de Definición de Clases Locales

Las clases locales son el conjunto de sentencias que están entre las sentencias CLASS... y ENDCLASS.

Una definición completa de una clase constará de una parte declarativa en la que se definen los componentes, y si es necesario una parte de implementación en la que se implementan estos componentes.

La parte declarativa de una clase está comprendida entre las sentencias:

CLASS <class> DEFINITION.

...

ENDCLASS.

La parte declarativa contiene la declaración de todos los componentes de la clase (atributos, métodos y eventos). Cuando se definen clases locales, la parte declarativa pertenece a los datos globales del programa, por tanto se habrá de situar al principio del programa.

Si se declaran métodos en la parte declarativa de una clase, se deberá escribir también su parte de implementación. Ésta es la que va incluida entre las siguientes sentencias:

CLASS <class> IMPLEMENTATION.

...

ENDCLASS.

La parte de implementación contiene la implementación de todos los métodos de la clase. Esta parte actúa como un bloque, esto quiere decir que cualquier sección de código que no forme parte del bloque no será accesible.

2.9 Estándar de Estructura de una Clase

La estructura de una clase se define principalmente basándose en:

- Una clase contiene componentes.
- Cada componente se asigna a una sección de visibilidad (público, protegido o privado).
- Las clases implementan métodos.

2.9.1 Componentes de las clases

Los componentes de una clase confeccionan sus contenidos. Todos los componentes son declarados en la parte declarativa de la clase. Los componentes definen los atributos de los objetos en una clase. Cuando se define una clase, cada componente es asignado a una de las tres distintas secciones de visibilidad que definen la interface externa de la clase. Todos los componentes de una clase son visibles dentro de la clase.

Hay dos tipos de componentes en una clase, aquellos que existen separadamente para cada objeto de una clase, y aquellos que existen sólo una vez para la clase entera, independientemente del número de instancias. Estos componentes son conocidos como dependientes de instancia o independientes de instancia (o estáticos) respectivamente.

En ABAP Obejcts, las clases pueden definir los siguientes componentes (debido a que todos los componentes que se pueden declarar en las clases también pueden ser declarados en las interfaces, las siguientes descripciones se aplican de la misma manera a las interfaces):

2.9.2 Atributos

Los atributos son los campos de datos internos de una clase y pueden tener cualquier tipo de datos ABAP.

El estado de un objeto viene determinado por el contenido de sus atributos. Un tipo de atributos son las variables referenciadas. Estas variables permiten crear y acceder a los objetos, de manera que si se definen en una clase permiten acceder a otros objetos desde dentro de la clase.

- **Atributos dependientes de instancia:** El contenido de estos atributos es específico de cada objeto. Se declaran usando la sentencia **DATA**.

- **Atributos estáticos:** El contenido de los atributos estáticos define el estado de la clase y es válido para todas las instancias la clase. Los atributos estáticos existen sólo una vez para la clase. Se declaran usando la sentencia **CLASS-DATA**. Son accesibles desde todo el entorno de ejecución de la clase. Todos los objetos de una clase pueden acceder a sus atributos estáticos. Si se cambia un atributo estático en un objeto, el cambio es visible en todos los demás objetos de la clase.

2.10 Estándar para definir Métodos

Los métodos son procedimientos internos de una clase que definen el comportamiento de un objeto. Los métodos pueden acceder a todos los atributos de una clase. Esto les permite cambiar el contenido de los atributos de un objeto. Los métodos poseen también una interface con parámetros que les permite recibir valores cuando son invocados y devolver valores después de la llamada. Los atributos privados de una clase sólo pueden ser cambiados por métodos de la misma clase.

La definición y la interface de un método son similares a las de los módulos de funciones. Un método se define en la parte declarativa de la clase y se implementa en la parte de implementación usando las sentencias:

```
METHOD <meth>.

...

ENDMETHOD.
```

Se pueden declarar tipos de datos locales y objetos en los métodos de la misma manera que en cualquier otro procedimiento ABAP (subrutinas y módulos de funciones). Los métodos se pueden llamar mediante la sentencia CALL METHOD.

- **Métodos dependientes de instancia** – Estos métodos se declaran usando la sentencia METHODS. Pueden acceder a todos los atributos de una clase, y pueden desencadenar todos los eventos de una clase.
- **Métodos estáticos o independientes de instancia** – Estos métodos se declaran usando la sentencia **CLASS-METHODS**. Sólo pueden acceder a los atributos estáticos y desencadenar eventos estáticos.
- **Métodos especiales** – Además de los métodos normales que se pueden llamar con la sentencia CALL METHOD, hay dos métodos especiales llamados CONSTRUCTOR y CLASS_CONSTRUCTOR que son automáticamente llamados cuando se crea un objeto (CONSTRUCTOR) o cuando se accede por primera vez a los componentes de la clase (CLASS_CONSTRUCTOR).

2.11 Eventos

Los objetos o las clases pueden usar eventos para desencadenar un tipo de métodos en otros objetos o clases. Estos métodos se llaman métodos que manejan eventos (event handler methods) En una llamada normal a un método, el método puede ser llamado por cualquier número de usuarios. Cuando un evento es desencadenado, cualquier número de estos métodos puede ser llamado. La unión ente el disparador del evento (trigger) y el manejador del evento (handler) no es establecida de antemano, si no en el entorno de ejecución. En las llamadas normales a métodos, el programa que llama determina los métodos a los que quiere llamar. Estos métodos tienen que existir. El manejador de eventos determina los eventos a los cuales tiene que reaccionar. No tiene porque existir un método manejador de eventos registrado para cada evento. Los eventos de una clase pueden ser desencadenados en los métodos de la misma clase usando el manejador de eventos utilizando la adición FOR EVENT <evt> OF <class>.

Los eventos tienen una interface de parámetros similar a la de los métodos, pero sólo tienen parámetros de salida. Los parámetros son pasados por el disparador (sentencia RAISE EVENT) al método manejador de eventos el cual los recibe como parámetros de entrada.

El vínculo de unión entre el disparador y el manejador (trigger y handler) es establecido dinámicamente en el programa usando la sentencia SET HANDLER. El disparador y el manejador pueden ser objetos o clases, dependiendo de si tenemos eventos dependientes de instancia o eventos estáticos y métodos manejadores de eventos. Cuando un evento es disparado, el correspondiente método manejador de eventos es ejecutado en todas las clases registradas para ese manejador.

Existen dos tipos de eventos:

- **Eventos dependientes de instancia** – Se declaran con la sentencia EVENTS. Sólo pueden ser desencadenados en un método dependiente de instancia.

- **Eventos estáticos o independientes de instancia** – Se declaran con la sentencia CLASS-EVENTS.

Todos los métodos (dependientes de instancia y estáticos) pueden desencadenar eventos estáticos.

Los eventos estáticos son el único tipo de eventos que puede ser desencadenado por un método estático.

2.12 Tipos

Se pueden definir tipos de datos ABAP dentro de una clase con la sentencia **TYPES**. Los tipos de datos no son específicos de cada instancia y existen una sola vez para todos los objetos de la clase.

2.13 Constantes

Las constantes son un tipo especial de atributos estáticos. Su valor se fija cuando son declaradas y no puede ser cambiado. Se declaran usando la sentencia **CONSTANTS**. Las constantes existen sólo una vez para todos los objetos de la clase.

2.14 Visibilidad

La parte declarativa de una clase se divide en tres áreas de distinta visibilidad:

```
CLASS <class> DEFINITION.

PUBLIC SECTION.

...

PROTECTED SECTION.

...

PRIVATE SECTION.

...

ENDCLASS.
```

Estas tres áreas definen la visibilidad externa de los componentes de la clase, esto es, la interface entre la clase y el usuario. Cada componente de una clase ha de ser asignado a una de estas tres secciones:

- **Public section** – Todos los componentes declarados en la sección pública son accesibles para todos los usuarios de la clase y para todos los métodos de la clase y de cualquier clase que herede de ella. Los componentes públicos conforman la interface entre la clase y el usuario.
- **Protected section** – Todos los componentes declarados en la sección protegida son accesibles para todos los métodos de la clase y de las clases que heredan de ella. Los componentes protegidos conforman la interface entre una clase y todas sus subclases. Debido a que la herencia aún no está activa en la versión 4.5B la sección protegida tiene actualmente el mismo efecto que la sección privada.
- **Private section** – Los componentes declarados en la sección privada son sólo visibles en los métodos de la misma clase. Los componentes privados no forman parte de la interface externa de la clase.

2.15 Encapsulación

Las tres áreas de visibilidad son la base de una de las más importantes características de la orientación a objetos. Cuando se define una clase hay que tener mucho cuidado en el diseño de los componentes públicos, intentando declarar tan pocos como sea posible. Los componentes públicos de las clases globales no pueden ser cambiados una vez que se ha liberado la clase.

Por ejemplo, los atributos públicos son visibles externamente, y forman parte de la interface entre un objeto y sus usuarios. Si se quiere encapsular el estado de un objeto completamente no se tiene que declarar ningún atributo público. Además de definir la visibilidad de un atributo, se puede proteger también de los cambios usando la adición READ-ONLY.

2.15.1 Visión de conjunto

```
CLASS c1 DEFINITION.

PUBLIC SECTION.

DATA: a1 …

METHODS: m1 …

EVENTS: e1 …

PROTECTED SECTION.

DATA: a2 …

METHODS: m2 …

EVENTS: e2 …

PRIVATE SECTION.

DATA: a3 …

METHODS: m3 …

EVENTS: e3 …

ENDCLASS.

CLASS c1 IMPLEMENTATION.

METHOD m1 … ENDMETHOD.

METHOD m2 … ENDMETHOD.

METHOD m3 … ENDMETHOD.

ENDCLASS.
```

Esta sería la estructura de la parte de declaración y la parte de implementación de una clase local c1.

Componentes públicos Interface entre la clase y sus usuarios.

Componentes protegidos Interface con las subclases de la clase c1.

Componentes privados No visibles externamente, completamente encapsulados en la clase.

Implementación de los métodos Tienen acceso completo a todos los componentes de la clase.

2.15.2 Ejemplo de Definición de una Clase Local

De la misma manera que vimos el ejemplo del contador para el grupo de funciones se puede realizar lo mismo con una clase:

```
CLASS C_CONTADOR DEFINITION.

PUBLIC SECTION.

METHODS: F_VALORES IMPORTING VALUE(FIJAR_VALOR) TYPE I,

INCREMENTAR_CONTADOR,

OBTENER_CONTADOR EXPORTING VALUE(OBTENER_VALOR) TYPE I.

PRIVATE SECTION.

DATA CONT TYPE I.

ENDCLASS.

CLASS C_CONTADOR IMPLEMENTATION.

METHOD F_VALORES.

CONT = FIJAR_VALOR.

ENDMETHOD.

METHOD INCREMENTAR_CONTADOR.

ADD 1 TO CONT.

ENDMETHOD.
```

2.16 Utilización de Objetos

2.16.1 Objetos

Los objetos son instancias de las clases. Cada objeto tiene una identidad propia y tiene sus propios atributos. Todos los objetos transitorios residen en el contexto de una sesión interna (área de memoria de un programa ABAP). Los objetos permanentes en la base de datos aún no están disponibles (documentación de la versión 4.6B). Una clase puede tener un número indefinido de objetos (instancias).

2.16.2 Referencias a objeto

Las referencias a objeto se usan para acceder a un objeto desde un programa ABAP. Las referencias al objeto son punteros a los objetos. En ABAP los objetos están siempre contenidos en variables referenciadas.

Las variables referenciadas o bien contienen el valor 'initial' o bien contienen la referencia a un objeto ya existente. La identidad de un objeto depende de su referencia. Una variable referenciada que apunta a un objeto es la que conoce la identidad del objeto. Los usuarios no pueden acceder a la identidad del objeto directamente. Las variables referenciadas en ABAP son tratadas como cualquier otro objeto de datos elemental. Esto quiere decir que una variable referenciada puede contener una tabla interna o una estructura.

ABAP contiene un tipo de datos predefinido para las referencias, comparable a los tipos de datos para las estructuras o para las tablas internas. El tipo de datos completo no está definido hasta la declaración en el programa ABAP. El tipo de datos de la variable referenciada determina como el programa actúa con su valor, o sea, con la referencia al objeto. Hay dos tipos principales de referencias, la referencia a clases y la referencia a interfaces (se verá más adelante).

Las referencias a clases se definen usando la siguiente adición:

... TYPE REF TO <class>.

Esta adición se usa en las sentencias **TYPES** o **DATA**. Una variable referenciada de este tipo se llama variable referenciada a clase o referencia a clase simplemente.

Una referencia a clase <cref> permite al usuario crear una instancia, o sea un objeto, de la clase y acceder a un componente visible de la siguiente manera:

cref->comp

2.16.3 ¿Cómo crear objetos?

Antes de crear un objeto de una clase es necesario declarar una variable referenciada con la referencia a la clase. Una vez que se ha declarado la referencia <obj> a la clase <class>, se puede crear el objeto usando la sentencia CREATE OBJECT <cref>. Esta sentencia crea una instancia de la clase <class>, y la variable referenciada <cref> contiene la referencia al objeto.

2.16.3.1 Acceder a los componentes de un objeto

Los programas sólo pueden acceder a los componentes de las instancias usando las referencias de las variables referenciadas. La sintaxis es la siguiente, siendo ref la variable referenciada:

- Para acceder al atributo attr: ref->attr.
- Para llamar al método meth: CALL METHOD ref->meth.

Para los componentes estáticos (independientes de instancia, sólo dependientes de clase) se puede usar tanto el nombre de la clase como la variable referenciada. También es posible acceder a los componentes estáticos de una clase antes de que un objeto de la clase haya sido creado. La sintaxis, siendo class la clase es la siguiente:

Para acceder al atributo estático attr: `class->attr`.

- Para llamar al método estático meth: `CALL METHOD class->meth`.

Dentro de una clase se puede acceder también a los componentes individuales mediante la referencia a sí mismo ME:

- Para acceder al atributo attr en la propia clase: `me->attr`.
- Para llamar al método meth en la propia clase: `CALL METHOD me->meth`.

2.16.3.2 Crear más de una instancia de una clase

En un programa se pueden crear cualquier número de objetos de una misma clase. Estos objetos son completamente independientes unos de otros. Cada uno tiene su propia identidad dentro del programa y sus propios atributos. Cada sentencia `CREATE OBJECT` genera un nuevo objeto, cuya identidad está completamente definida por su referencia al objeto.

2.16.3.3 Asignar referencias

Se pueden asignar referencias a distintas variables referenciadas usando la sentencia `MOVE`. De esta manera se puede tener las referencias en varias variables referenciadas apuntando al mismo objeto.

Cuando se asigna una referencia a una variable referenciada distinta, sus tipos deben ser compatibles.

Cuando se usa la sentencia MOVE o el operador de asignación = para asignar variables referenciadas, el sistema debe ser capaz de reconocer en el chequeo de la sintaxis si la asignación va a ser posible. Esto mismo se aplica cuando se pasan variables referenciadas como parámetros a procedimientos.

Si escribimos la sentencia cref1 = cref2, las dos referencias tienen que tener el mismo tipo, esto es, tienen que referirse a la misma clase, o bien la clase de cref1 tiene que ser la clase predefinida como vacía, OBJECT.

La clase OBJECT no tiene componentes y tiene la misma función para las variables referenciadas que el tipo de datos ANY para las variables normales.

Las variables referenciadas con el tipo OBJECT pueden funcionar como contenedoras para pasar referencias. De cualquier manera, nunca pueden ser usadas para acceder a objetos.

2.16.3.4 Ejemplo: cómo crear y usar una clase en el estándar

En este ejemplo veremos cómo crear y usar una instancia de la clase c_counter que creamos en la sección anterior.

```
DATA cref1 TYPE REF TO c_contador.
```

Creamos una variable cref1 que es referenciada a la clase c_contador. Esta variable puede contener referencias a todas las instancias de la clase c_contador. La clase c_contador debe ser conocida para el programa en el momento en que la sentencia data tiene lugar. Por tanto la clase c_contador debe estar o bien declarada localmente antes de la sentencia data o bien globalmente con el constructor de clases.

Después de esta sentencia el contenido de `cref1` es `initial`, o sea la referencia no apunta a ninguna instancia.

```
DATA cref1 TYPE REF TO c_contador.

CREATE OBJECT cref1.
```

La sentencia `CREATE OBJECT` crea un objeto (instancia) de la clase `c_contador`. La referencia en la variable referenciada `cref1` apunta a este objeto.

La instancia de la clase `c_contador` se llama `c_contador<1>` debido a que así es como se visualizan los contenidos de la variable de objeto en el debugger después de que la sentencia `CREATE OBJECT` haya sido ejecutada. Este nombre es sólo usado internamente por el programa y no aparece nunca en el propio programa ABAP.

```
    DATA cref1 TYPE REF TO c_contador.

    DATA numero TYPE i VALUE 5.

    CREATE OBJECT cref1.

    CALL METHOD cref1->fijar_contador

    EXPORTING fijar_valor = numero.

    DO 3 TIMES.

    CALL METHOD cref1->incrementar_contador.

    ENDDO.

    CALL METHOD cref1->obtener_contador

    IMPORTING obtener_valor = numero.
```

EL programa ABAP puede acceder a los componentes públicos de los objetos usando la variable referenciada `cref1`, lo cual en este caso se corresponde a llamar a los métodos públicos de la clase `c_contador`. Después que el programa haya sido ejecutado la variable `numero` y el atributo privado del objeto `cont` tienen ambos el valor 8. Podemos también manejar varias instancias de la misma clase.

```
DATA cref1 TYPE REF TO c_contador.

DATA cref2 TYPE REF TO c_contador.

DATA cref3 LIKE cref1.
```

Así creamos tres variables referenciadas a la clase `c_contador`. Todas ellas contienen el valor

```
initial.

DATA cref1 TYPE REF TO c_contador.

DATA cref2 TYPE REF TO c_contador.

DATA cref3 LIKE cref1.

CREATE OBJECT cref1, cref2, cref3.
```

El sistema crea tres objetos de la clase a partir de las tres variables referenciadas a la clase. Las referencias en las tres variables apuntan a cada uno de los objetos. Internamente las instancias se llaman `c_contador <1>`, `c_contador <2>`, y `c_contador <3>`. El número se asigna en el orden en que son creadas.

```
DATA cref1 TYPE REF TO c_contador.

DATA cref2 TYPE REF TO c_contador.


DATA cref3 LIKE cref1.

DATA numero1 TYPE i VALUE 5.

DATA numero2 TYPE i VALUE 0.

DATA numero3 TYPE i VALUE 2.

CREATE OBJECT cref1, cref2, cref3.

CALL METHOD: cref1->fijar_contador
```

```
EXPORTING fijar_valor = numero1,

cref2->fijar_contador

EXPORTING fijar_valor = numero2,

...

CALL METHOD cref2->incrementar_contador.

...

CALL METHOD cref1->incrementar_contador.

...

CALL METHOD: cref1->obtener_contador

IMPORTING obtener_valor = numero1,

cref2->obtener_contador

IMPORTING obtener_valor = numero2,

...
```

El programa ABAP usa las variables referenciadas para acceder a los objetos, en este caso a los métodos públicos de la clase c_contador.

Cada objeto tiene su propia identidad y su propio estado, ya que el atributo privado dependiente de instancia cont tiene distintos valores en cada objeto. El programa administra varios contadores.

```
DATA cref1 TYPE REF TO c_contador.

DATA cref2 TYPE REF TO c_contador.

DATA cref3 LIKE cref1.

CREATE OBJECT cref1, cref2.
```

Ahora declaramos tres variables referenciadas para la clase c_contador y se crean dos objetos para la clase. Las referencias en las variables referenciadas cref1 y cref2 apuntan a cada uno de los objetos.

La referencia `cref3` se mantiene `initial`.

```
DATA cref1 TYPE REF TO c_contador.

DATA cref2 TYPE REF TO c_contador.

DATA cref3 LIKE cref1.

CREATE OBJECT cref1, cref2.

MOVE cref2 TO cref3.
```

Después de la sentencia `MOVE`, `cref3` contiene la misma referencia que `cref2` y ambas referencias apuntan al objeto `c_contador<2>`. Un usuario puede usar cualquiera de ellas para acceder al objeto.

```
DATA cref1 TYPE REF TO c_contador.

DATA cref2 TYPE REF TO c_contador.

DATA cref3 LIKE cref1.

CREATE OBJECT cref1, cref2.

MOVE cref2 TO cref3.

CLEAR cref2.
```

La sentencia `CLEAR` reinicializa la referencia de `cref2` al valor `initial`. En este momento la variable referenciada `cref2` contiene el mismo valor que inmediatamente después de su declaración y ya no apunta a ningún objeto.

```
DATA cref1 TYPE REF TO c_contador.

DATA cref2 TYPE REF TO c_contador.

DATA cref3 LIKE cref1.

CREATE OBJECT cref1, cref2.

MOVE cref2 TO cref3.

CLEAR cref2.

cref3 = cref1.
```

La referencia en cref3 ahora apunta al objeto c_contador<1>. Ya no hay referencias apuntando al objeto c_contador<2> el cual es automáticamente borrado, con lo cual el nombre interno c_contador<2> está libre de nuevo.

```
************************************************************
* Global Selection Screens
************************************************************
SELECTION-SCREEN BEGIN OF: SCREEN 100 TITLE TIT1, LINE.

PARAMETERS MEMBERS TYPE I DEFAULT 10.

SELECTION-SCREEN END OF: LINE, SCREEN 100.

*------------------------------------------------------------

SELECTION-SCREEN BEGIN OF SCREEN 200 TITLE TIT2.

PARAMETERS: DRIVE RADIOBUTTON GROUP ACTN,

STOP RADIOBUTTON GROUP ACTN,

GEARUP RADIOBUTTON GROUP ACTN,

GEARDOWN RADIOBUTTON GROUP ACTN.

SELECTION-SCREEN END OF SCREEN 200.

************************************************************
* Class Definitions
************************************************************
CLASS: C_BIKER DEFINITION DEFERRED,

C_BICYCLE DEFINITION DEFERRED.

*------------------------------------------------------------

CLASS C_TEAM DEFINITION.

PUBLIC SECTION.
```

```abap
TYPES: BIKER_REF TYPE REF TO C_BIKER,

BIKER_REF_TAB TYPE STANDARD TABLE OF BIKER_REF

WITH DEFAULT KEY,

BEGIN OF STATUS_LINE_TYPE,

FLAG(1) TYPE C,

TEXT1(5) TYPE C,

ID TYPE I,

TEXT2(7) TYPE C,

TEXT3(6) TYPE C,

GEAR TYPE I,

TEXT4(7) TYPE C,

SPEED TYPE I,

END OF STATUS_LINE_TYPE.

CLASS-METHODS: CLASS_CONSTRUCTOR.

METHODS: CONSTRUCTOR,

CREATE_TEAM,

SELECTION,

EXECUTION.

PRIVATE SECTION.

CLASS-DATA: TEAM_MEMBERS TYPE I,

COUNTER TYPE I.

DATA: ID TYPE I,

STATUS_LINE TYPE STATUS_LINE_TYPE,

STATUS_LIST TYPE SORTED TABLE OF STATUS_LINE_TYPE

WITH UNIQUE KEY ID,
```

```
BIKER_TAB TYPE BIKER_REF_TAB,

BIKER_SELECTION LIKE BIKER_TAB,

BIKER LIKE LINE OF BIKER_TAB.

METHODS: WRITE_LIST.

ENDCLASS.

*-------------------------------------------------------------------

CLASS C_BIKER DEFINITION.

PUBLIC SECTION.

METHODS: CONSTRUCTOR IMPORTING TEAM_ID TYPE I MEMBERS TYPE I,

SELECT_ACTION,

STATUS_LINE EXPORTING LINE

TYPE C_TEAM=>STATUS_LINE_TYPE.

PRIVATE SECTION.

CLASS-DATA COUNTER TYPE I.

DATA: ID TYPE I,

BIKE TYPE REF TO C_BICYCLE,

GEAR_STATUS TYPE I VALUE 1,

SPEED_STATUS TYPE I VALUE 0.

METHODS BIKER_ACTION IMPORTING ACTION TYPE I.

ENDCLASS.

*-------------------------------------------------------------------

CLASS C_BICYCLE DEFINITION.

PUBLIC SECTION.

METHODS: DRIVE EXPORTING VELOCITY TYPE I,

STOP EXPORTING VELOCITY TYPE I,
```

```
CHANGE_GEAR IMPORTING CHANGE TYPE I

RETURNING VALUE(GEAR) TYPE I

EXCEPTIONS GEAR_MIN GEAR_MAX.

PRIVATE SECTION.

DATA: SPEED TYPE I,

GEAR TYPE I VALUE 1.

CONSTANTS: MAX_GEAR TYPE I VALUE 18,

MIN_GEAR TYPE I VALUE 1.

ENDCLASS.

**************************************************************

CLASS C_TEAM IMPLEMENTATION.

**************************************************************

METHOD CLASS_CONSTRUCTOR.

TIT1 = 'Team members ?'.

CALL SELECTION-SCREEN 100 STARTING AT 5 3.

IF SY-SUBRC NE 0.

LEAVE PROGRAM.

ELSE.

TEAM_MEMBERS = MEMBERS.

ENDIF.

ENDMETHOD.

**************************************************************

METHOD CONSTRUCTOR.

COUNTER = COUNTER + 1.

ID = COUNTER.
```

```
ENDMETHOD.

****************************************************************

METHOD CREATE_TEAM.

DO TEAM_MEMBERS TIMES.

CREATE OBJECT BIKER EXPORTING TEAM_ID = ID

MEMBERS = TEAM_MEMBERS.

APPEND BIKER TO BIKER_TAB.

CALL METHOD BIKER->STATUS_LINE IMPORTING LINE = STATUS_LINE.

APPEND STATUS_LINE TO STATUS_LIST.

ENDDO.

ENDMETHOD.

****************************************************************

METHOD SELECTION.

CLEAR BIKER_SELECTION.

DO.

READ LINE SY-INDEX.

IF SY-SUBRC <> 0. EXIT. ENDIF.

IF SY-LISEL+0(1) = 'X'.

READ TABLE BIKER_TAB INTO BIKER INDEX SY-INDEX.

APPEND BIKER TO BIKER_SELECTION.

ENDIF.

ENDDO.

CALL METHOD WRITE_LIST.

ENDMETHOD.

****************************************************************
```

```
METHOD EXECUTION.

CHECK NOT BIKER_SELECTION IS INITIAL.

LOOP AT BIKER_SELECTION INTO BIKER.

CALL METHOD BIKER->SELECT_ACTION.

CALL METHOD BIKER->STATUS_LINE IMPORTING LINE = STATUS_LINE.

MODIFY TABLE STATUS_LIST FROM STATUS_LINE.

ENDLOOP.

CALL METHOD WRITE_LIST.

ENDMETHOD.

*****************************************************************

METHOD WRITE_LIST.

SET TITLEBAR 'TIT'.

SY-LSIND = 0.

SKIP TO LINE 1.

POSITION 1.

LOOP AT STATUS_LIST INTO STATUS_LINE.

WRITE: / STATUS_LINE-FLAG AS CHECKBOX,

STATUS_LINE-TEXT1,

STATUS_LINE-ID,

STATUS_LINE-TEXT2,

STATUS_LINE-TEXT3,

STATUS_LINE-GEAR,

STATUS_LINE-TEXT4,

STATUS_LINE-SPEED.

ENDLOOP.
```

```
ENDMETHOD.
```

```
**************************************************************
```

```
ENDCLASS.
```

Capítulo 3
Rendimiento en ABAP

3.1 Objetivo

El objetivo que se persigue con estas recomendaciones es orientar y concienciar a los desarrolladores de que ABAP presenta un conjunto de instrucciones reducido, pero con muchas opciones o posibilidades de realizar una misma consulta o instrucción.

Es evidente que las mejoras en unos pocos milisegundos no son importantes aisladamente, pero en muchos casos podremos aplicar estas mejoras en bucles o rutinas que se ejecuten cientos de veces, lo que hará que estos milisegundos ahorrados se multipliquen.

Por regla general el rendimiento de los programas ABAP viene determinado en gran parte por la "eficiencia" de sus accesos a las Bases de Datos (BD).

Para entender cómo las sentencias SQL afectan a la ejecución de programas ABAP, es necesario entender la arquitectura del sistema que hay por debajo. Los procesos de trabajo de un servidor de aplicación están "conectados" al servidor de la BD como usuarios (clientes) durante el tiempo que el sistema R/3 está activo. El gestor de la BD (*Data Dase Management System* - DBMS) realiza la conexión entre usuarios y datos.

Cada sistema de BD utiliza un optimizador cuya tarea es crear el plan de ejecución para las sentencias SQL (por ejemplo determinar entre el uso de un índice en vez de leer en la BD). Hay dos tipos de optimizadores:

- Optimizadores basados en la norma: analizan la estructura de una sentencia SQL (las partes SELECT y WHERE sin sus valores) y los índices. Después usa un algoritmo para calcular qué método usar para ejecutar la sentencia.
- Optimizadores basados en el coste: usan el procedimiento anterior pero también utilizan tablas de estadísticas. Las tablas de estadísticas contienen los valores más bajos y altos de los campos, o un histograma con la distribución de los datos en la tabla. Este tipo de optimizadores mejoran el tiempo de acceso a las BD, pero tienen la desventaja de que las tablas de estadísticas necesitan actualizarse periódicamente.

Nota: SAP bajo Oracle permite el uso del optimizador basado en coste a partir de la versión 4.x. Anteriormente eran basados en la norma.

3.2 Recomendaciones Generales

3.2.1 Consideraciones SAP- ABAP

- No actualizar NUNCA la base de datos directamente mediante funciones **no desarrolladas u originales** de SAP. Es decir, no utilizar nunca explícitamente las instrucciones INSERT, UPDATE, MODIFY o DELETE sobre tablas estándar de SAP. Deben utilizarse los procedimientos de actualización previstos por SAP como batch-input, direct input o call transaction.

- En el caso de tener desarrollos propios que incluyan definición de tablas propias que crecen con el tiempo, tener previsto siempre la posibilidad de realizar un archivado de los datos propios o en su defecto, eliminación de datos obsoletos que no interesa seguir teniendo en el sistema. **Nota:** No es aconsejable acceder a datos de transacción sólo con datos maestros –por ejemplo a pedidos de la tabla VBAK sólo con el número de cliente-, ya que siempre cogeremos más registros de los deseados. Conviene usar más campos – por ejemplo la fecha- para limitar el resultado.

- En el caso de utilizar programas externos a SAP, como servidores RFC o clientes RFC tener en consideración la posibilidad de realizar balanceo de cargas.

- Tener en cuenta la concurrencia de accesos si se realizan programas para actualizar tablas propias definidas por el cliente mediante la utilización de objetos de bloqueo.

- Los accesos a la base de datos deben evitar el realizar un *'Full Table scan'* de la misma. La programación de las cláusulas de acceso a la base de datos siempre debe estar basada en índices, o en casos especiales de conveniencia, realizar una lectura secuencial de la tabla. Pero si se quiere acceder por índice hay que indicar en el predicado de la cláusula todos los campos del índice conocidos por el programa. Por ejemplo: la tabla VBAK definida con los campos: MANDT BELNR POSNR ..., y tiene un índice primario construido así: MANDT, BELNR y POSNR; si en la cláusula WHERE no contiene el campo BELNR, la BD no puede usar el índice adecuadamente.

- El conjunto de instrucciones con SQL nativo o EXEC-SQL no es conveniente de forma general ya que:

- No utilizan los buffers intermedios de SAP
- Pueden hacer la programación dependiente del gestor de base de datos que se utilice.
- En ocasiones puede ser la única alternativa en caso de tener que acceder desde un ABAP a una base de datos externa no-SAP, (por ejemplo acceso a una base de datos Oracle en NT mediante ODBC).

- Al codificar bucles, diseñarlos de forma que las condiciones que más frecuentemente sean verdaderas ocupen los niveles exteriores del bucle.

- Para expresiones o evaluaciones lógicas que incluyan el operador AND, situar la condición que más frecuentemente sea falsa en primer lugar.

- Tener identificados de la manera más precisa y operativa posible cuáles son los procesos que no deben ser ejecutados en concurrencia con el online o con los momentos de mayor actividad online en el sistema. A modo de ejemplo normalmente la ejecución de programas que realicen CALL TRANSACTION de forma masiva o lanzamiento de batch-inputs debe estar limitada cuando se procesen de forma concurrente con el on-line.

3.2.2 Normas generales para programación SQL

Basándonos en la arquitectura de los sistemas R/3, y en el volumen de información de GIGANTE existen unas normas básicas y fundamentales que es necesario aplicar en programación ABAP para que los accesos a las BD sean eficientes. Son los siguientes:

- Conseguir un conjunto de respuestas pequeño. Esto reduce: tanto la cantidad de memoria utilizada por el DBMS como la carga de la red cuando se transfieren los datos al servidor de aplicación. Por ejemplo no usar select anidados sino JOINS o VISTAS.
- Minimizar la cantidad de datos a transferir.
- Restringir el número de líneas.
- Restringir el número de columnas.
- Usar funciones globales (*sum*, *average*, *minimun*, ...) cuando los datos a usar sean sólo para cálculos.
- Transferir los datos exactos cuando se cambien líneas de una tabla. Con la sentencia UPDATE para cambiar líneas, se debería usar la cláusula WHERE para especificar las líneas relevantes y la sentencia SET para cambiar sólo las columnas necesarias.
- Minimizar el número de transferencias de datos. Conviene reducir la carga de la red y del servidor de la BD minimizando el número de veces que se accede a la BD.
- Evitar accesos repetidos.
- Evitar bucles SELECT anidados.
- Usar Views y Joins.
- Evitar sub-preguntas en las cláusulas WHERE y HAVING.
- Usar tablas internas en bucles SELECT.
- Usar un cursor para leer los datos. Este nuevo método se basa en evitar la cláusula INTO de la sentencia SELECT utilizando un cursor (OPEN CURSOR) y leyendo los datos línea a línea (FETCH NEXT CURSOR). Es necesario abrir un nuevo cursor en cada paso del bucle.
- Minimizar el tiempo de búsqueda.
- Formular condiciones de búsqueda por índices.
- Utilizar condiciones positivas (por ejemplo EQ y LIKE) en vez de negativas (NE y NOT LIKE). Evitar el operador NOT.
- No revisar por valores nulos (NULL).

- No usar parte de un índice: al construir un índice de varias columnas el sistema puede usarlo aunque sólo se especifiquen unas pocas columnas en la condición. La secuencia de las columnas en el índice es importante. Una columna sólo podrá usarse en la consulta por índice si todas las columnas anteriores (en la definición del índice) se han especificado también en la condición de búsqueda.

- Evitar condiciones de búsqueda complejas.
- Reducir la carga de la BD.
- Realizar el *buffering* de tablas sobre el servidor de aplicación.
- Tipos de tablas más indicadas:

  - ✓ Tablas que se leen muy frecuentemente,
  - ✓ Tablas que cambian con muy poca frecuencia,
  - ✓ Tablas relativamente pequeñas (pocas líneas, pocas columnas, columnas cortas),
  - ✓ Tablas cuya actualización no es crítica en el tiempo. Por ejemplo tablas de parametrización y tablas de condiciones: AXXX, BXXX, CXXX, etc.

- Evitar la lectura repetida de los datos.
- Usar Bases de Datos Lógicas.

3.3 Recomendaciones Tips & Tricks por SAP

Estas recomendaciones incluyen ejemplos reales, cuyo tiempo de respuesta puede ser medido y pretenden ilustrar los aspectos comentados en el punto anterior.

Estas recomendaciones están localizables en el sistema mediante:

Tips → Análisis Tmpo. Ejecución → Test → Workbench ABAP → Herramientas & Tricks

Se pretende indicar que existen herramientas en el sistema que nos pueden ayudar en momentos de duda a elegir un algoritmo o conjunto de instrucciones más adecuado que otro. Se extrae una muestra a modo de ejemplo pero la lectura que debe realizarse de este apartado es que esta información debe ser consultada de forma online en caso de dudas o búsqueda de sugerencias en el momento de realizar la programación.

3.3.1 Instrucciones sobre la interfaz SAP-SQL

- En una cláusula WHERE, el operador lógico NOT no está soportado por los índices. Por ejemplo:

`WHERE fecha >= '19990212'` es mejor que

`WHERE NOT FECHA <= '19990212'`

- Sentencias SELECT con CHECK. Especificar siempre que sea posible las condiciones de selección en la cláusula WHERE.
- Con la instrucción SELECT utilizar lista de campos en vez de SELECT * con el fin de disminuir el tráfico en la red.

- Obtención de sumatorias, máximos, número de filas, ... Utilizar operadores MAX, COUNT, AVERAGE en la lista de campos en vez de realizarlos por programa. Disminuye el tráfico en la red.

- Si se procesan los datos una sola vez, es preferible tratarlos en el bucle SELECT ... ENDSELECT que guardarlos en una tabla interna para posteriormente tratar la tabla interna mediante LOOP.

- SELECT mediante vistas. Es conveniente sustituir los selects anidados por el uso de vistas.

```
SELECT * FROM DD01V

WHERE DOMNAME LIKE 'CHAR%'

AND DDLANGUAGE = SY-LANGU.

ENDSELECT.
```

es preferible a :

```
SELECT * FROM DD01L

WHERE DOMNAME LIKE 'CHAR%'

AND AS4LOCAL = 'A'.

SELECT SINGLE * FROM DD01T

WHERE DOMNAME = DD01L-DOMNAME

AND AS4LOCAL = 'A'

AND AS4VERS = DD01L-AS4VERS

AND DDLANGUAGE = SY-LANGU.
```

- Tratamiento con arrays

  o Inserciones con array y actualizaciones de columnas

```
INSERT CUSTOMERS FROM TABLE itab.
```

es preferible a :

```
LOOP AT TAB.

INSERT INTO CUSTOMERS VALUES TAB.

ENDLOOP.
```

Utilizar actualizaciones de columna en vez de modificaciones de fila

```
UPDATE SFLIGHT SET SEATSOCC = SEATSOCC - 1.
```

es preferible a:

```
SELECT * FROM SFLIGHT.

SFLIGH T-SEATSOCC = SFLIGHT-SEACSOCC -1.

UPDATE SFLIGHT.

ENDSELECT.
```

* Es preferible usar la sentencia SELECT con opción INTO que utilizar la sentencia APPEND dentro del bucle SELECT ... ENDSELECT

3.4 Tratamiento de cadenas de caracteres

* Usar los operadores CO, CA, CS, etc, en lugar de programarlos. En strings largos, los tiempos de CPU aumentan considerablemente.

* No programar las sentencias para truncar strings o concatenar, sino utilizar la instrucción SPLIT o CONCATENATE.

3.5 Tratamiento de tablas internas

* Se recomienda el uso de la instrucción COLLECT a partir de la versión 3.0 de SAP para construcción de tablas acumulativas.

* Hacer los accesos por clave.

```
READ TABLE TAB WITH KEY K = 'X' BINARY SEARCH
```

es preferible a:

```
MOVE SPACE TO TAB.

TAB-K = 'X'.

READ TABLE TAB BINARY SEARCH.
```

- Intentar siempre acceder a una tabla interna **ya ordenada**.

```
READ TABLE WITH KEY BINARY SEARCH.
```

es preferible a:

```
READ TABLE WITH KEY.
```

- en LOOP de tablas utilizar la cláusula WHERE

```
LOOP AT TAB WHERE K = KVAL.
.....
ENDLOOP.
```

es preferible a:

```
LOOP AT TAB.

CHECK TAB-K = KVAL.

.....

ENDLOOP.
```

- Construcción de tablas ordenadas

   o No utilizar la instrucción APPEND itab SORTED BY

- o Utilizar el procedimiento de:
    - 1º Llenar la tabla
    - 2º Ordenar la tabla

```
REFRESH TAB_DEST.

LOOP AT TAB_SRC.

APPEND TAB_SRC TO TAB_DEST.

ENDLOOP.


SORT TAB_DEST BY K
```

es preferible a:

```
REFRESH TAB_DEST.

LOOP AT TAB_SRC.

READ TABLE TAB_DEST WTTH KEY K= ....

INSERT TAB_SRC INTO TAB_DEST INDEX SY-INDEX.

ENDLOOP.
```

- Construcción de tabla sin duplicados

    - o Es preferible borrar las entradas duplicadas una vez construida la tabla utilizando el procedimiento de:
        - 1º - Llenar la tabla,
        - 2º Ordenar la tabla,
        - 3º Borrar duplicados

```
REFRESH TAB_DEST.

LOOP AT TAB_SRC

        APPEND TAB_SRC TO TAB_DEST.

ENDLOOP
```

```
SORT TAB_DEST BY K.

DELETE ADJACENT DUPLICATES FROM TAB_DEST.
```

es preferible a:

```
REFRESH TAB_DEST.

LOOP AT TAB_SRC.

        READ TABLE TAB_DEST WITH KEY K= TAB_SRC-K.

            IF SY-SUBRC <> 0 .

        INSERT TAB_SRC INTO TAB_DEST INDEX SY-INDEX.

        ENDIF.

ENDLOOP.
```

- Uso de áreas de trabajo evitando instrucciones MOVE

- Copia de tablas internas: utilizar asignación directa de variables.

```
TAB_DEST[ ] = TAB_SRC[ ]
```

es preferible a :

```
REFRESH TAB_DEST.

LOOP AT TAB_SRC INTO TAB_DEST.

    APPEND TAB_DEST.

ENDLOOP.
```

- Comparación de tablas internas: Dos tablas internas son iguales cuando tienen el mismo número de líneas y coinciden una a una.

```
IF TAB1[ ] = TAB2 [ ]
```

```
. . . .
ENDIF.
```

- Es preferible a realizar un barrido secuencial de una tabla e ir comparando con la entrada equivalente en la otra tabla.

- Para ordenar tablas internas, especificar los campos sobre los que debe verificarse la ordenación.

```
SORT ITAB BY FIELD1 FIELD2.
```

es preferible a:

```
SORT ITAB.
```

- Para averiguar el número de registros en una tabla interna, utilizar la instrucción

```
DESCRIBE TABLE ITAB LINES C_LINEAS. es preferible a:
LOOP AT ITAB.
C_LINEAS = C_LINEAS + 1.
ENDLOOP.
```

- JOIN de tablas, bucles anidados.

   o Evitar recorridos secuenciales y plantearse accesos por índice en la segunda tabla o tabla más interna del bucle.

Suponiendo: tablas ordenadas, TAB2 contiene sólo entradas que existen en TAB1.

```
I2 = 1.
LOOP AT TAB1.
```

```
LOOP AT TAB2 FROM I2.

    IF TAB2-K <> TAB1-K.

        I2 = SY-TABIX.

        EXIT.

    ENDIF.

    " ...

ENDLOOP.

ENDLOOP.
```

es preferible a :

```
LOOP AT TAB1.

    LOOP AT TAB2 WHERE K = TAB1-K.

    ...

    ENDLOOP.

ENDLOOP.
```

- **Inserción en una tabla desde otra**

```
APPEND LINES OF TAB_SRC TO TAB_DEST.
```

es preferible a:

```
LOOP AT TAB_SRC.

    APPEND TAB_SRC TO TAB_DEST.

ENDLOOP.
```

- **Borrado de líneas.**

Uso de índices para

```
DELETE TAB_DEST FROM 450 TO 550. es preferible a:
```

```
DO 101 TIMES.

    DELETE TAB_DEST INDEX 450.

ENDDO.

DELETE TAB_DEST WHERE K = KVAL. Es preferible a:

LOOP AT TAB_DEST WHERE K = KVAL

    DELETE TAB_DEST

ENDLOOP
```

3.6 Tratamiento de parámetros en rutinas y field-symbols

- Especificar el tipo de parámetros en las rutinas:
  - o Si se especifica el tipo de los parámetros formales de las rutinas en el código fuente del programa, el compilador de ABAP/4 puede optimizar mejor el fuente. Además, el riesgo de utilizar secuencias erróneas de parámetros disminuye.

- Definir tipo en los field-symbols.

  - o Si se especifica el tipo del field-symbol, el compilador puede mejorar el rendimiento del programa.

```
FIELD-SYMBOLS: TYPE I.
```

Es preferible a:

```
FIELD-SYMBOLS: .
```

3.7 Manejo de variables y tipos

- Utilizar variables de tipo I para campos índices de bucle, no de tipo P.

- Si los contenidos de las variables van a ser numéricas, definirlas tipo I.

- En las asignaciones utilizar constantes con tipo mejor que literales.

```
CONSTANTS:

PI TYPE F VALUE '3.1415926535897932'.

DATA:

FLOAT TYPE F.

FLOAT = PI.
```

es preferible a:

```
DATA:

FLOAT TYPE F.

FLOAT = '3.1415926535897932'.
```

- En cálculos aritméticos utilizar variables de tipo P.

```
DATA:

P1 TYPE P VALUE '123456789012345',

P2 TYPE P VALUE '543210987654321',

P1 = P1 + P2.
```

es preferible a:

```
DATA:

N1(15) TYPE N VALUE '123456789012345',

N2(15) TYPE N VALUE '543210987654321',

N1 = N1 + N2.
```

- En cálculos aritméticos no mezclar variables de varios tipos a no ser absolutamente necesario, de esta forma evitaremos conversiones innecesarias de tipos.

3.8 Exposición de Sentencias SQL "caras"

3.8.1 Definición

Se definen de esta manera aquellas sentencias que:

- Desde el punto de vista del usuario "el reloj de arena aparece en pantalla y permanece ahí un largo tiempo"

- Desde el punto de vista del sistema: este tiene que leer muchos bloques de datos bien del buffer (supone una carga para el procesador), o bien del disco duro (lo que supone una sobrecarga para el sistema Input/Output).

3.8.2 Tipos

Para todas las BD y para todas las aplicaciones SAP y no-SAP, las sentencias SQL costosas pueden agotar los recursos del sistema operativo y causar graves problemas de rendimiento del sistema entero.

Existen, básicamente, dos tipos de sentencias SQL llamadas "caras" teniendo en cuenta el consumo de los recursos del sistema:

- SENTENCIAS SQL CARAS DE TIPO 1:

  - Se procesan un gran número de registros pero el rendimiento es bueno.
  - método de acceso adecuado
  - Por ejemplo: SQL Trace: > 10 Fetches por instrucción.

- SENTENCIAS SQL CARAS DE TIPO 2:

  - Se procesa un número pequeño de registros pero hay un gran número de lecturas por registro o un elevado tiempo de respuesta por registro.
  - La estrategia de búsqueda no es eficiente, el método de acceso no es adecuado.

  Por ejemplo:

    - Area de SQL compartida: > 100 peticiones de buffer por registro
    - SQL Trace: duración de cada Fetch > 500 ms.

Los datos que se necesitan para analizar sentencias SQL son:

- Programas (para saber donde cambiar el código).
- Sentencias SQL costosas.
- Tablas implicadas.
- Índices utilizados.

3.8.3 Detección

Los tiempos de espera largos son el resultado del tiempo que emplea la BD en devolver los datos pedidos por R/3 y el que emplea R/3 en devolver la siguiente pantalla al usuario.

¿Cómo detectar las sentencias costosas?

- Para encontrar el nombre del report o transacción que usa la sentencia SQL se puede utilizar:

- Transacción SM50: Visualización de procesos de trabajo. (A partir de la ver. 4.6B también con la transacción ST04).

- Transacción ST03: Reporting de Transacciones, carga de trabajo del sistema. (Ver más adelante el punto 6.2.4 Workload Monitor).

- Para encontrar los nombres de las tablas accedidas y la sentencia SQL:

  - Transacción ST05: "Sql Trace".
  - Transacción ST04: Area SQL compartida, Análisis de rendimiento de la BD.
  - Transacción SM50: Visualización de procesos de trabajo, anotamos el PID del proceso correspondiente y a continuación vamos a la transacción ST04:Monitor de procesos de la BD.

- Para encontrar los índices implicados, usar la opción EXPLAIN en:

  - SQL Trace.
  - Área SQL compartida.
  - Monitor de proceso de la BD.

3.8.4 Clasificación

Analizando los dos tipos de sentencias a través de SQL Trace (transacción **ST05**) apreciamos:

- Para el primer tipo el tiempo medio de duración es de < 5 ms por registro o < 100 ms por FETCH. Los datos se transfieren con un rendimiento óptimo.

- Para el segundo tipo la duración de un FETCH es > de 500 ms.

Si consultamos el Área SQL compartida (transacción ST04; Menú de análisis detallado; Peticiones SQL) para los dos tipos de sentencias anteriores, encontramos:

- para el tipo 1: < 50 peticiones al buffer por registro. Esta es una relación óptima entre el número de registros procesados y el número de bloques de datos escaneados.
- Para el tipo 2: > 50. Esta no es una relación óptima y es consecuencia de una estrategia de búsqueda deficiente.

3.8.5 Soluciones

- Programas estándar de SAP:

  o Solución: Consultar notas del OSS.

- SENTENCIAS DEL TIPO 1:

- Problema: Demasiados registros a transferir.
  o Solución: Re-escribir el código ABAP. (Ver apartado 1.4.2 "Normas Generales").

- SENTENCIAS DEL TIPO 2:

- Problema 1: No existen los índices adecuados.
  o Solución: Cambiar el código: añadir campos conocidos, etc.
  o Cambiar algún índice existente, en vez de crear uno nuevo.

- o Crear un índice nuevo (analizar antes el histograma de distribución de los datos con la transacción DB05).
- o Quitar un índice (especialmente en versiones 3.x de Oracle con optimizadores en modo normas).
- Problema 2: El Optimizador de la BD NO usa el acceso correcto.
- o Solución: Checar la tabla de estadísticas; si la cláusula WHERE es demasiado compleja, re-escribir el código.

Por último hay instrucciones importantes para que el acceso a las bases de datos sea aun más eficiente, esto es usar HINTS.

Esta tarea es utilizar índices de accesos a las bases de datos (si no existen verificar si se pueden crear).

El motivo principal para que exista esta "propiedad" de los campos que diferencia a los clave de los no clave, es la creación de un índice para los campos clave de la tabla.

¿Que qué es un índice? Es una especie de tablita, mucho más pequeña que la tabla a la cual "indexa", que contiene únicamente los campos clave de la tabla indexada y, por cada clave, un puntero que indica la posición del registro que corresponde a esa clave dentro de la tabla indexada.

O sea que termina siendo algo muy parecido al índice en un libro. Si uno quiere encontrar dónde empieza un determinado capítulo en un libro, es mucho más fácil ir al índice y fijarse el número de página que ir mirando una a una las páginas desde el principio.

Bueno, para la computadora es igual. Si tiene que recorrer la tabla registro a registro para encontrar el valor buscado, el trabajo realizado será mucho mayor que si hace una búsqueda binaria sobre el índice, y desde ahí accede directamente al registro buscado gracias al puntero que le indica dónde está almacenado.

Entonces, cuando un programa recupera datos de una tabla acotando la búsqueda a ciertos valores, la recuperación de datos será muchísimo más veloz si los campos por los que se acota la búsqueda son los campos clave de la tabla, ya que le permitiremos al sistema utilizar el índice creado.

Ahora, resulta que SAP, como toda base de datos decente, te permite crear también otros índices para la tabla aparte del índice principal, el de la clave. De esta manera, uno puede elegir los campos que se le ocurran (sean clave o no) y SAP solito se encarga de indexar la tabla según esos campos, es decir que crea una tablita ordenada por los campos indicados con referencias a la posición de cada registro dentro de la tabla principal. De esta manera, se pueden lograr velocidades de acceso similares a las que se consiguen accediendo por la clave principal de la tabla.

Los índices solo funcionan si se utiliza el operador de igualdad y el orden de las clausulas depende, generalmente es muy optimo poner los campos en el select y en el where en el mismo orden que están en la tabla pero si hay una clausula que sabemos que es muy restrictiva debería ir primero en la where, por otro lado la elección del índice por parte del motor del sgbd es algo bastante complicado pero hay una manera de "forzar" al select para que vaya por un determinado índice, aquí les dejo un ejemplo.

```
SELECT k~vbeln k~augru k~zsfecins k~zsordser
p~posnr p~matnr p~pstyv p~uepos p~kwmeng
f~vbtyp_n f~rfmng f~erdat f~bwart
INTO TABLE i_informe
FROM vbak AS k
```

```
INNER JOIN vbap AS p ON k~vbeln = p~vbeln
LEFT OUTER JOIN vbfa AS f ON p~vbeln = f~vbelv
AND p~posnr = f~posnv
WHERE k~auart IN rg_auart
AND k~zsordser IN s_ordser
%_HINTS
ORACLE 'INDEX ("VBAK" "VBAK~Z01")'.
```

aquí forzaría al select a ir por el índice Z01 de la tabla vbak, el HINTS se puede utilizar en cualquier base de datos solo hay que cambiarle el nombre a la base de datos.

Si no existen índices se pueden utilizar los siguientes HINTS.

```
%_HINTS DB6 'CONVERT_FAE_TO_CTE'
DB6 'USE_OPTLEVEL 0'.
```

Con 'CONVERT_FAE_TO_CTE' el sistema hace que las instrucciones SQL ABAP las baje como instrucciones nativas de la base de datos haciendo esto que la consulta se genere como si estuviera directamente en un editor de la Base de datos y no en el sistema, lo que hace esto es que si un programa se tardaba 17000 microsegundos con estas instrucciones se llega a bajar a 500 microsegundos.

El 'USE_OPTLEVEL 0', se optimiza en distintos niveles.

Capítulo 4
Determinación de Problemas

Es común cuando nos hacemos cargo de los desarrollos de un sistema SAP, enfrentarnos con distintas clases de problemas. Algunas de las preguntas más frecuentes son:

o   ¿Cuántos programas son los que están lentos?
o   ¿Cuales programas?
o   ¿Cuál es el tiempo promedio de respuesta de esos programas?

Para resolver estas dudas, a continuación vamos a hablar sobre cómo mejorar el rendimiento del sistema.

4.1 Puesta a punto del sistema

4.1.1 Configuración básica: servidores, procesos de trabajo y balance de cargas
Transacciones: SM50, SM51, SM66.

Hay que revisar si hay procesos en PRIV mode y si es así hay que hacer un análisis de la administración de memoria y checar parámetros de perfiles.

La nota 33873 provee una lista de códigos y definiciones, por lo general semáforos, que están relacionados con el sistema operativo.

4.1.2 Hardware y Sistema Operativo

Reglas: Solo debe estar corriendo R/3 en el servidor de otra manera es muy difícil medir el sistema operativo.

Transacciones: OS06, DB03, ST06.

Definiciones de ST06 y cómo es que se puede sospechar de problemas en el sistema operativo:

- **CPU idle** debe ser mayor a un 10% y cuando es un problema en el sistema, constantemente alcanza hasta un 30%.
- **PAGES OUT/SECOND** cuando excede 10,000 por hora en un periodo de 24 horas
- **LOAD AVEREAGE** en los últimos 15 minutos excede a 3.
- **PHYSICAL MEMORY AVAILABLE** valores muy bajos, pero debe esperarse cuando menos 1GB de memoria disponible
- **PHYSICAL MEMORY FREE** valores extremadamente grandes. Hay que checar el parámetro.

4.1.3 SAP R/3 WORKLOAD ANALYSIS.

4.1.3.1 ST03 Condiciones para un proceso de diálogo

DESCRIPCION	MAX VALOR ACEPTABLE

Average response time	1500 ms
average CPU time	40% del response time
Average database request time	40% del response time
average wait time	50 ms
average load time	50 ms
time per database	5ms
direct reads	2 ms
sequential reads	10ms
change and commits	25ms
roll intime or rollout time	10ms
response time for main menu	100ms

La transacción ST03 se usa para hacer un análisis de carga de trabajo (*workload*) y también la RZ03 va a generar estadísticas similares.

También la transacción **ST03** puede encontrar estadísticas para ciertas transacciones ciertos periodos y estas herramientas pueden ser utilizadas para *check jobs* específicos.

Hay que recordar que los *queries* a tablas muy grandes pueden causar excesivo *roll in* y *roll out* especialmente en un proceso de dialogo.

4.1.4 Comparación de tiempos de respuesta de procesos de diálogo y background

Casi todos los jobs de background son reportados como **dialog step** y van a causar un alto porcentaje de tiempo de respuesta.

Los tiempos de respuesta para *query* o programas de reporteo por lo general van a tener un porcentaje muy bajo de CPU y mas porcentaje de *database request tiem*.

Programas que realizan cálculos complejos o rutinas que se calendarizan (p.e. material *requirement planning* van a tener mayor porcentaje de CPU que de DB).

Programas hechos por el cliente que no estén almacenados en buffer y generan código. (Ejemplo: BDC *batch data conversion programs*) van a tener mayor *load time*.

4.1.5 SAP R/3 buffers statistics

La transacción **ST02** es usada para hacer un mejoramiento de la memoria usando buffers del sistema, y es muy compleja.

Hay varios parámetros (cientos) que afectan al sistema en rendimiento y la mayoría de estos afecta a la memoria.

ST02:

DESCRIPTION	DEFINICION
HIRATIO	El *hitratio* es un indicador de la eficiencia de los buffers, cuando un usuario de SAP necesita datos primero checa en los buffers de R/3. Cuando el sistema se reinicia los buffers se

	limpian. Los buffers deben tener un hitratio de 0 y deben llegar hasta un 100% si se puede. es recomendable tener un hitratio arriba de 90%.
NAMETAB, CUA, SCREEN AND CALENDAR	Estos buffers se les ve poco crecimiento en un ambiente de producción por lo que pueden ser configurados con mejor espacio libre. La mayoría de los demás buffers deben tener un 20% mas de espacio libre.
DIRECTORY ENTRIES	Todos lo buffers necesitan entradas libres a directorios, el espacio en memoria requerido para almacenar *directory entries* es mínimo.
OBJECT SWAPS	Mucho *swapeo* por lo general indica un *tuning* mal hecho, sin embargo algunos swaps no pueden dejar de hacerse. El *swapeo* se acumula a partir del inicio de instancia. Los BDC y otras funciones que generan código en tiempo real incrementan el *swapeo*.
ROLL AND PAGING AREA MEMORY	Solo se puede analizar en detalle cuando el porcentaje de uso exceda el 80% constantemente, de igual manera para el *extended memory* cuando el porcentaje de uso exceda 75 por ciento.
HEAP MEMORY	Los programas *batch* pueden utilizar grandes cantidades de *heap memory* y por lo general causan mucho *swapeo* a nivel SO. Cuando veas que se utilizan grandes cantidades de *Heap memory* hay que checar que se tenga el

	suficiente *swapeo* a nivel SO.
CALL STATISTICS	Puedes utilizar *call statistics* para analizar *buffering* de tablas y qué tan eficientemente lo usan los programas de abap. Investiga el *hitratio* y el número de fallas.

4.1.6 TUNNING de programas específicos

A continuación muestro qué herramientas hay disponibles para analizar problemas con funciones o programas específicos:

- o ABAP RUNTIME ANALYSIS (SE30)
- o ABAP PROGRAM EXTENDED SYNTAX CHECK (SLIN)
- o PROCESS OVERVIEW(SM50)
- o PERFORMANCE WORKLOAD ANALYSIS (st02, st03)
- o PERFORMANCE WORKLOAD STATISTICS RECORDS (stat)
- o MISCELLANEOUS DATABASE STATISTICS (ST04, DB01,DB02)
- o TRACE REQUEST (ST05)
- o ABAP PROGRAM DEBUGGER(SE38)

Capítulo 5
Estándar ABAP Web Dynpro

Ya vimos toda la nomenclatura para desarrollar en ABAP estándar. Ahora, vamos a ver la que corresponde a las Web Dynpro.

5.1. Resumen
En el presente documento se detallan los estándares requeridos y solicitados para cualquier desarrollo de tipo Web Dynpro.

5.2. Objetivos
Los objetivos son uniformar, controlar y estandarizar la interface de usuario y arquitectura de los desarrollos de tipo Web Dynpro, y así tener una capa de presentación y de proceso.

5.3. Áreas de aplicación y/o alcance de los procedimientos
En este documento el área de aplicación tiene que ver con los desarrollos de tipo Web Dynpro programados e instalados en el servidor de SAP Enterprise Portal, lo cual será el alcance de este documento.

5.4. Políticas o normas de operación

Las políticas mencionadas a continuación son una sugerencia y no están incluidas las políticas o normas de operación de la compañía actual.

5.5. Conceptos

- *Pantallas de Selección de Datos de un Reporte*: son pantallas donde el usuario puede ingresar algunos datos de entrada para ejecutar algún reporte.
- *Pantallas de Resultados de un Reporte:* Es la salida que se produjo como resultado de la ejecución del Reporte.
- *Pantallas de tipo Transaccionales*: Son pantallas que ejecutan algún proceso, y para esto se deben ir a través de diversas pantallas, hasta el fin del mismo.

5.6. Procedimiento

A continuación se mencionan los estándares a seguir para desarrollos en Web Dynpro:

5.6.1 Arquitectura de los desarrollos de tipo Web Dynpro

Responsable	
Objetivo	Definir la arquitectura esencial para los desarrollos de tipo Web Dynpro.

El patrón de diseño presentado a continuación está realizado para desacoplar la presentación y la lógica de los desarrollos.

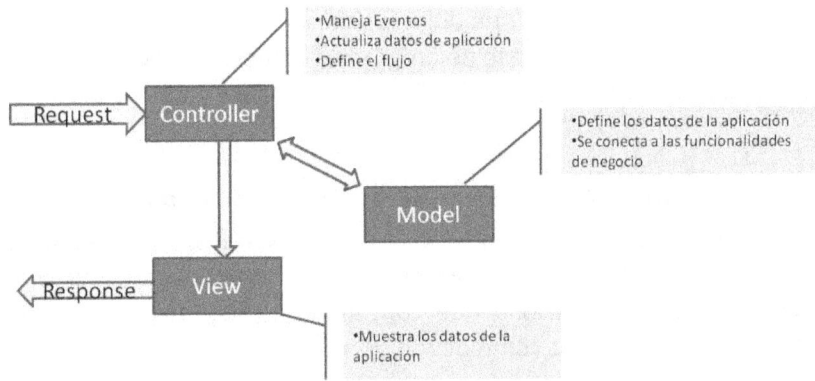

5.6.1.1 Estructura general de los desarrollos de tipo Web Dynpro

1) Todos los desarrollos deben ser de tipo *Development Component*. En los cuales debe haber 2. *El primero*, donde estarán todos los *models* y *el segundo* para alojar todas las vistas y control del programa.

Nota: No deben usarse proyectos de tipo Web Dynpro, ya que sólo son recomendados por SAP para pruebas, además que para una integración posterior a un ambiente de desarrollo, son más fácil de integrar a SAP Netweaver Development Infrastructure (NWDI).

2) Los parámetros generales para crear los proyectos de tipo *Development Component*, son los siguientes:

Vendor: sap.com

Name:

a) Para el *Development Component*, que alojara los *models* será:

models/<modulo_funcional>

b) Para el *Development Component*, que alojara las *Web Dynpro Components* será:

a. En el caso de programas de tipo reportes:

reportes/<modulo_funcional>
b. En el caso de programas de tipo transaccionales:
transaccional/<modulo_funcional>

5.6.1.2 Controllers y para qué deben ser usados

El modelo de programación Web Dynpro ofrece los siguientes tipos de controladores y que deben ser usados según su necesidad. A continuación se menciona que controladores hay en un proyecto Web Dynpro y además como deben ser usados.

Tipo de Controller	Uso
View Controller	Debe contener solo datos, métodos y eventos que conciernen a la vista.
Custom Controller	Debe contener solo datos, métodos y eventos que no se pueden asignar a una particular vista, sino que conciernen a algunas o varias vistas; también debe ser usado para tareas globales del componente.
Component Controller	Debe contener datos, métodos y eventos relacionados al entero componente y no debe estar relacionado a tareas globales.
Component Interface Controller	Debe contener datos, métodos y eventos que son usados por otros componentes.

5.6.1.3 Convenciones de nomenclatura de los objetos de los desarrollos

Cada objeto debe tener una nomenclatura para así poder captar rápidamente lo que ese objetos significa, a continuación se mencionan las nomenclaturas que deben ser usadas:

- **Applications** - ZWD_<nombre_aplicacion>
- **Components** - ZWDR_<nombre _del_componente>
- **Custom Controllers** - ZWD_<nombre_del_custom>
- **Interface Controller** - ZWD_INT_<nombre_interface>I
- **Windows** - W_<nombre_window>
- **View** - V_<nombre_view>
- **Model** - ZWM_<nombre_model>
- **Inbound Plug** - <nombre_inbound>In
- **Outbound Plug** - <nombre_outbund>Out
- **ViewSets** - <nombre_viewset>ViewSet
- **Types** - <nombre_type>Types

Los objetos de interface de usuario deben ser nombrados como se muestra a continuación, aquí solo se muestran algunos ejemplos, pero debe servir como base para todos los componentes gráficos.

- **Group** - <nombre_group>Group
- **Label** - <nombre_label>Label
- **Tray** - <nombre_try>Try
- **TextEdit** - <nombre_TextEdit>TexEdi
- **HorizontalGuntter** - <nombre_horizontalGuntter>HorGun
- **TransparentContainer** - <nombre_TransparentContainer>TraCon

Los ejemplos anteriores hacen referencia a la regla: *Si es una sola palabra el nombre del objeto se pone la palabra completa, si son dos palabras o más se ponen las tres primeras letras de cada palabra.*

5.6.2 Formatos de Campos

Responsable	
Objetivo	Definir los formatos requeridos para los diferentes tipos de datos posibles.

Se deben formatear los campos según el tipo del mismo. Los requisitos del formato según el tipo son los siguientes:

Campos de tipo numérico: Se deben separar por una coma cada tres dígitos. El patrón es **###,###,###**
Ejemplo:
> **Número**: 123456 **Campo formateado**: 123,456
> **Número**: 7890123 **Campo formateado**: 7,890,123

Campos de tipos decimales: Se deben separar por una coma cada tres dígitos en la parte entera y dos lugares para los decimales. El patrón es **###,###,###.##**
Ejemplo:
> **Número**: 123456.12 **Campo formateado**: 123,456.12
> **Número**: 431544.5544 **Campo formateado**: 431,544.55

Campos de tipo fecha: Se debe seguir el patrón **dd/MM/yyyy**
Ejemplo:
> **Fecha**: 2008-09-13 **Campo formateado**: 13/09/2008
> **Fecha**: 09/13/1977 **Campo formateado**: 13/09/1977

5.6.3 Estándares para reportes

Responsable	
Objetivo	Definir las pautas de presentación para la presentación de los programas.

5.6.3.1 Pantalla de Selección de Datos

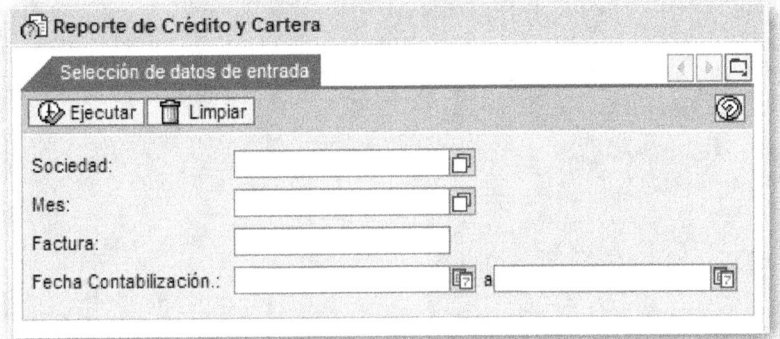

5.6.3.1.1 Contenedor del reporte

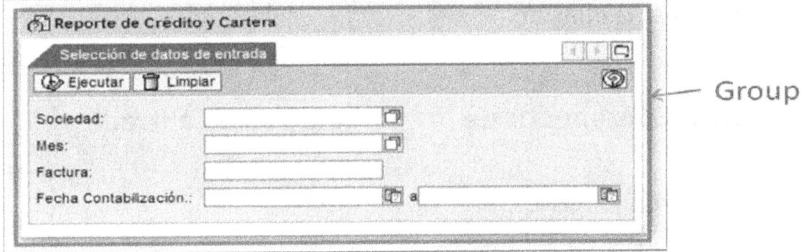

La pantalla de selección de datos debe estar contenida dentro de un control **Group**, que contenga un estilo *sapcolor*.

5.6.3.1.2 Título del reporte

Título

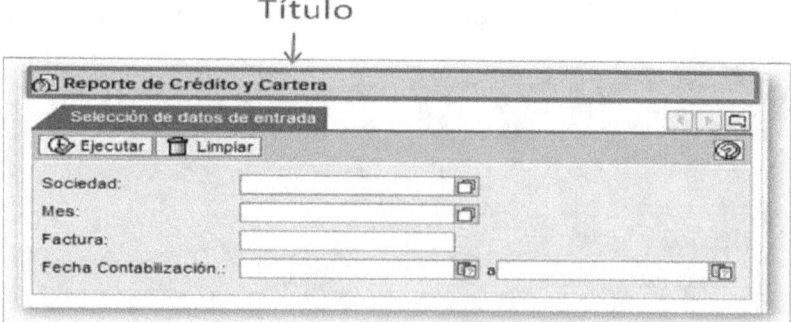

El **Título** deberá empezar por la palabra *Reporte* o *Consulta* más el nombre del reporte.

Deberá poner la imagen

5.6.3.1.3 Contenedor de los parámetros de entrada

Tray

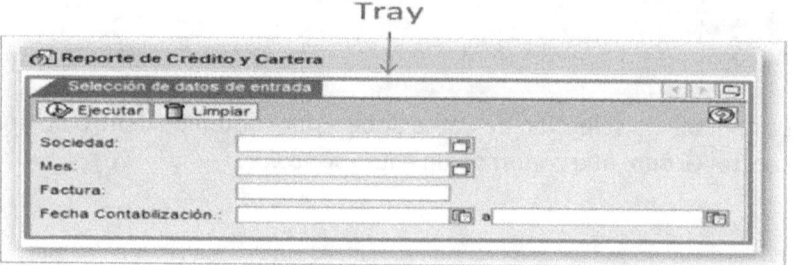

Deberá poner un control ***Tray*** que sirva como contenedor de los parámetros de entrada y botones.

El título del control Tray deberá decir "**Selección de datos de entrada**".

Selección de datos de entrada

5.6.3.1.4 Botones de la vista de Campos de Entrada

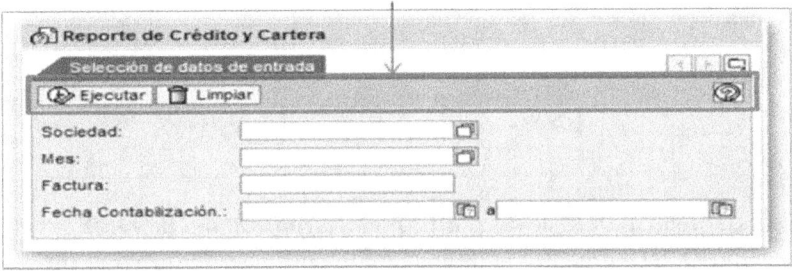

Debe haber tres botones siempre en cualquier reporte y se mencionan a continuación:

✓ El botón **Ejecutar**, deberá iniciar la consulta con los parámetros de entrada seleccionados.

✓ El botón **Limpiar**, deberá implementar la acción de poner en blanco o sin valores los parámetros de entrada del reporte. Deberá poner la pantalla como la primera vez que el usuario entró.

✓ El botón "**?**", deberá mostrar una descripción general de la definición del reporte. Es importante que este sea colocado al lado derecho de todos los demás botones.

Si el usuario da clic en el botón *?*, se le desplegará al usuario un pop-up, como a continuación se muestra.

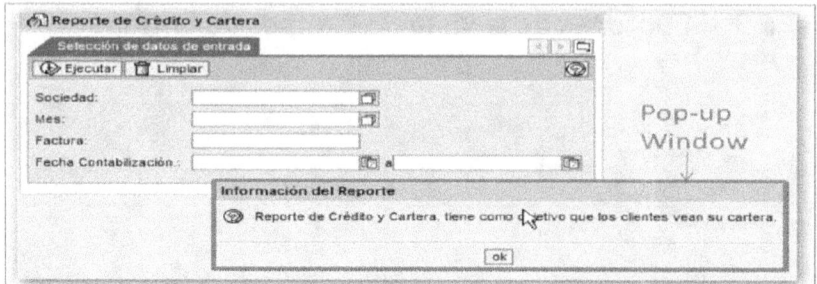

Esta pantalla deberá llevar por título **Información del Reporte**. En la sección XXX, se muestra la definición de pantallas de tipo pop-up.

5.6.3.1.5 Campos de entrada del Reporte.

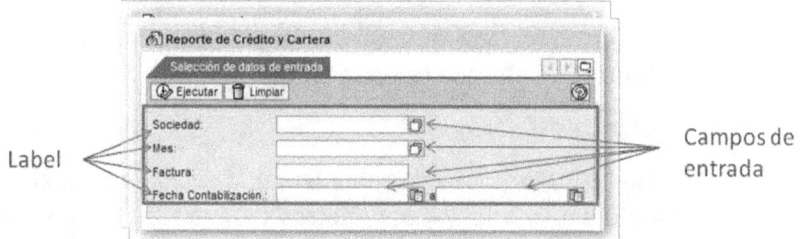

Label   Campos de entrada

Cualquier campo de entrada necesita de un **Label**, que definirá un nombre corto y descriptivo de lo que es el campo, seguido por el carácter "**:**". A continuación se definen los tipos de campo de entrada.

5.6.3.1.5.1 Campos de Entrada: De tipo Match-Code

Los **match-code**, se usarán para proveer listas de opciones en campos que requieren validación contra registros de tablas secundarias.

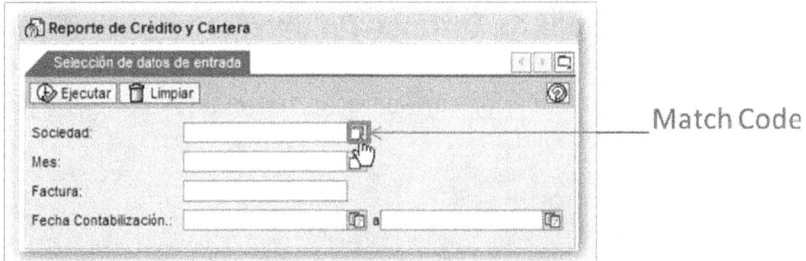

Match Code

Pantalla del Match-Code. Una vez abierta la ventana del Match-Code, como mínimo deberá mostrar la clave y la descripción del campo.

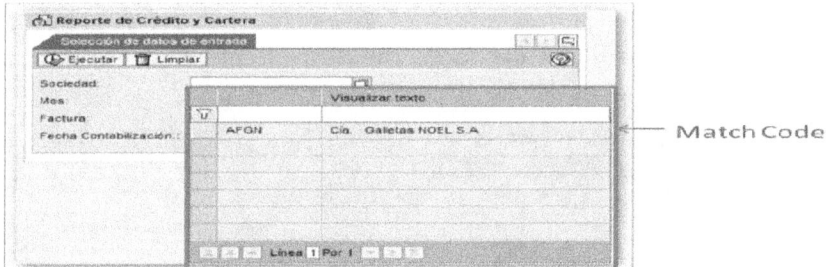

Match Code

Selección del Match-Code. Una vez seleccionado el Match-Code en el campo de entrada deberá aparecer el parámetro requerido que se selecciono en el Match-Code y además una leyenda al lado derecho con el contenido de la descripción del campo seleccionado.

Parámetro
seleccionado   Descripción

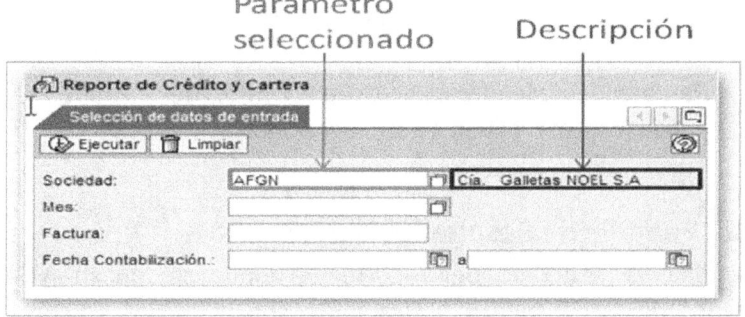

5.6.3.1.5.2 Campos de Entrada: De tipo Fecha

Los campos de tipo **fecha** deben estar acompañados de un control que muestre el calendario, con la fecha del día seleccionada por default.

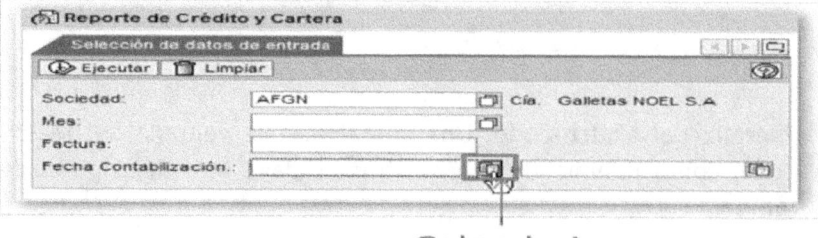

Calendario

- **Pantalla del Calendario**: Muestra el control de calendario con la fecha del día en curso seleccionada.

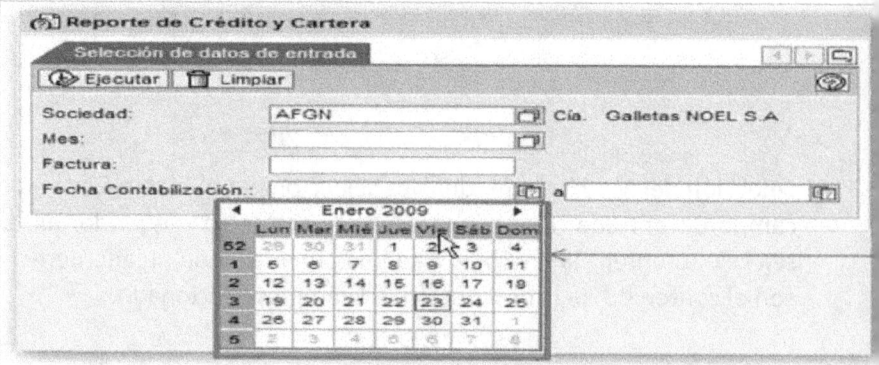

- **Pantalla del Calendario**: Muestra el control de calendario con la fecha del día en curso seleccionada.

5.6.3.2 Pantalla de Resultados del Reporte

La pantalla de resultado del reporte es donde se muestran los resultados de la consulta y básicamente consta de las siguientes partes:

- **Cabecera del reporte** – Es la parte donde se muestran los datos principales del reporte, y que son de carácter general. Este suele a veces no ir, dependiendo del requerimiento.
- **Listado del reporte** – Es la parte donde generalmente se lista todos los registros encontrados según el criterio de búsqueda seleccionado en la consulta.
- **Detalle del listado del reporte** – Es la parte donde generalmente se ve específicamente un registro del listado de resultados del reporte.

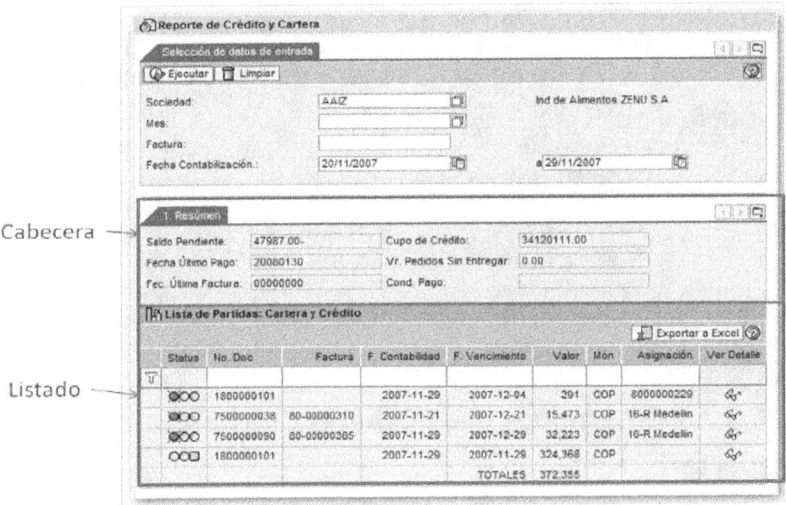

5.6.3.2.1 Cabecera del Reporte

5.6.3.2.1.1 Contenedor de la Cabecera de Resultados Reporte

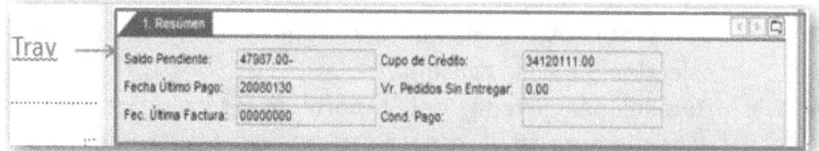

El contenedor de la **cabecera del reporte**, debe ser el control **Tray**.

5.6.3.2.1.1.1 Título de la Cabecera de Resultados del Reporte

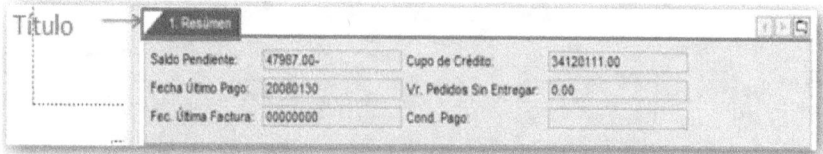

El título de la cabecera deberá ser **"1.Resúmen"**.

5.6.3.2.1.1.2 Campos de la Cabecera de Resultados del Reporte

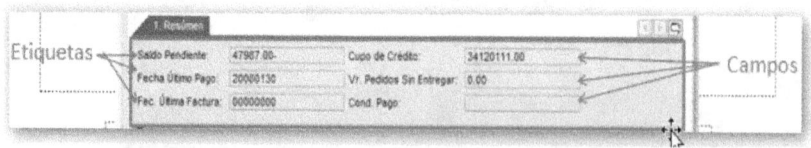

- **Etiquetas** – Son nombres descriptivos de los campos seguidos del carácter ":"
- **Campos** - Son los valores a los cuales se hace referencia.
- Todos los campos deben ser no editables y formateados. Ej.

- Datos numéricos - ###.###.### (Cada tres digitos un punto).

Nota: Para más información acerca de formatos revise la sección 6.2.
Muestra los resultados de la consulta realizada.

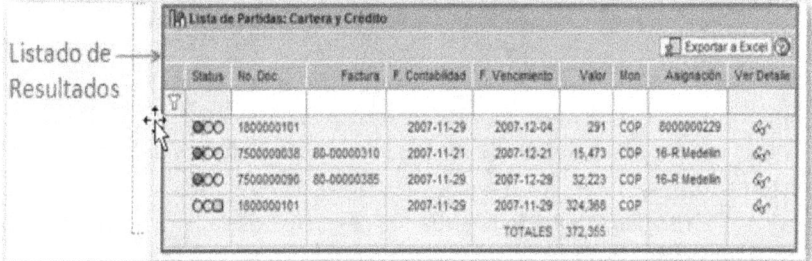

5.6.3.2.2.1 Título del Listado de Resultados del Reporte

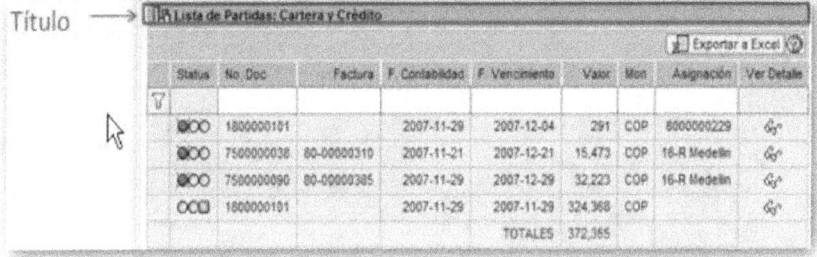

El título de las consultas deberá incluir la imagen
El título deberá estar compuesto de la siguiente forma:
Lista de + *<Nombre de los objetos de la lista> : <Nombre del Reporte>*
Ejemplo:
   Lista de partidas**:** Cartera y Crédito

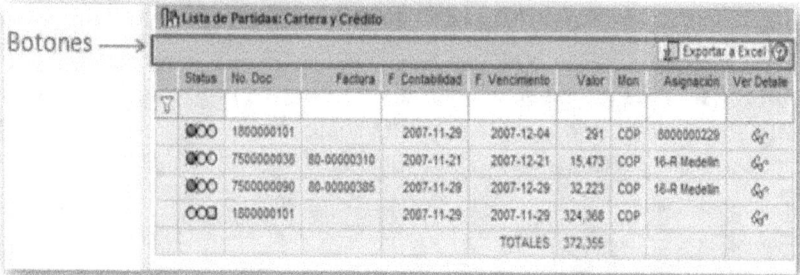

Todos los reportes deben llevar los siguientes botones del lado izquierdo:

- **_Exportar a Excel_** - Manda los registros de la lista a un archivo Excel.
- **?** – Muestra información acerca de los listados y sus opciones.

5.6.3.2.2.2.1 Botón "Exportar a Excel"

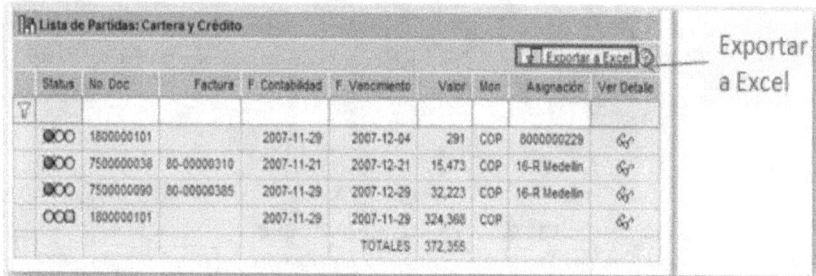

El botón "**Exportar a Excel**", deberá tener la forma de la imagen siguiente.

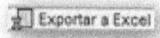

5.6.3.2.2.2.1.1 Acción del botón "Exportar a Excel"

Cuando el botón "**Exportar Excel**" es oprimido, el sistema arroja una pantalla popup como la siguiente:

Popup Exportar
a Excel

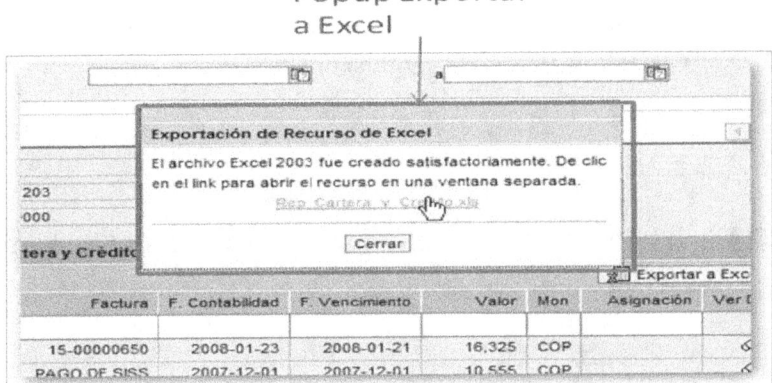

Partes del PopUp:

Título

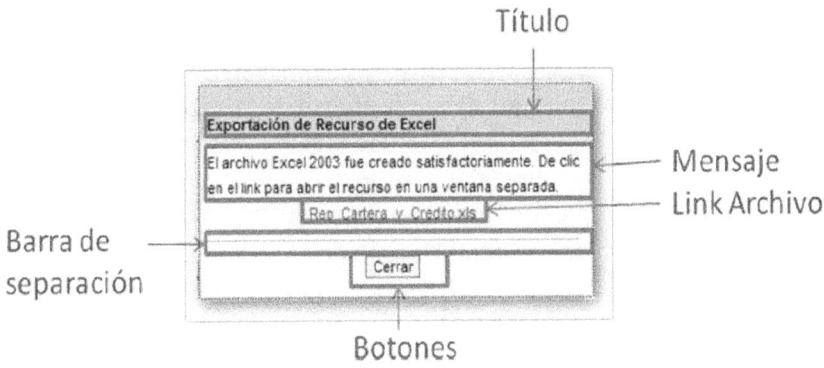

Mensaje
Link Archivo

Barra de
separación

Botones

- **Titulo** – Debe llevar por título "**Exportación de Recurso de Excel**".
- **Mensaje** – El mensaje muestra el resultado de la operación, en este caso "**El archivo de** <programa y versión con la que se abre el archivo> **fue creado satisfactoriamente. De clic en el link para abrir el recurso en una ventana separada**".
- **Link Archivo** – Link que muestra el nombre del archivo. Este deberá formarse de la siguiente forma:
  Rep_<nombre del reporte>.<extensión del archivo>

- **Barra de Separación** – Divide la pantalla de los opciones.
- **Botones** – En la opción de botones mínimo deberá ir el botón **"Cerrar"**, que cierra la ventana del PopUp.

5.6.3.2.2.2.2 Botón "?"

5.6.3.2.2.3 Títulos de las columnas del listado del Reporte

Los títulos de los mensajes deben formarse de la siguiente forma:

1) Centrados – Alineados al centro.
2) Si es una palabra muy larga que abarque más de la longitud del dato, esta se debe abreviar.
3) Si hay dos palabras y abarcan más de la longitud del dato, entonces el formato será:
   <Primera letra de la primera palabra>. <Segunda palabra>
   Ejemplo :

   Como viene:
   Título Columna: Fecha de Vencimiento
   Como debe ser:
   Título Columna: F. Vencimiento

5.6.3.2.2.4 Ordenamiento de los datos de las columnas

El ordenamiento de los registros se debe poder hacerse para cualquier columna, dando clic en el título de la misma.

Una vez seleccionada la columna a ordenar, se tendrán que ver

Selección de
las columna,
para ordenar

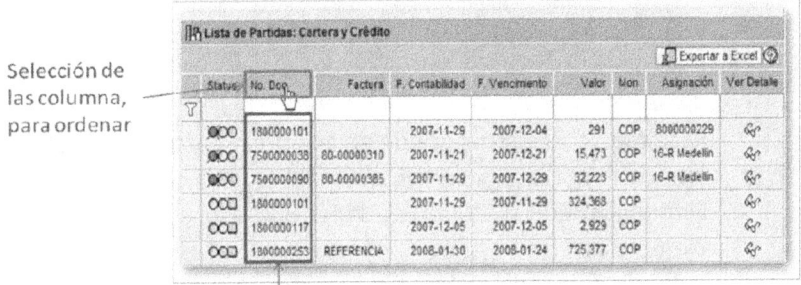

Columnas a ordenar

los registros ordenados y el ícono de ordenamiento dependiendo de si ordenó ascendentemente ó descendentemente.

Icono de
ordenamiento

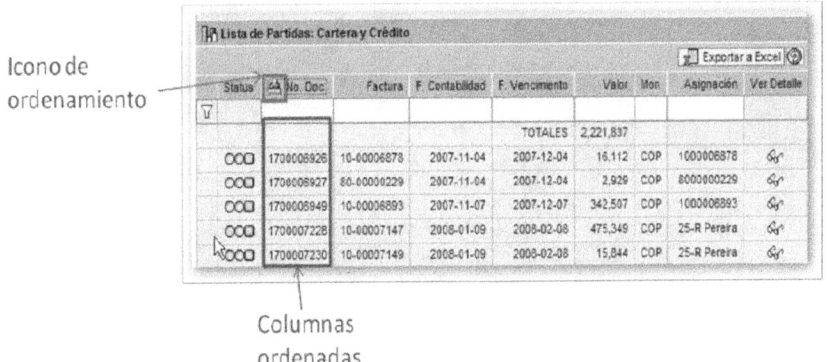

Columnas
ordenadas

Los íconos para ordenar, ascendentemente y descendentemente son:

Descendente -

Ascendente -

5.6.3.2.2.5 Filtros de los datos de las columnas

Se debe poder filtrar los registros visualizados en la lista, con mínimo dos opciones de filtrado que se pueden visualizar en el siguiente ejemplo:

1) Ejemplo 1.
   Valor del filtro **18**
   Resultado = Registros donde en cualquier dato de la columna filtrada tenga un 18, en cualquier parte de la cadena.
   Ejemplo: 1800001, 2000018, 10001800, etc.
2) Ejemplo 2.
   Valor del filtro **=18** (Nótese el carácter =)
   Resultado = Registros que empiecen con el carácter 18.
   Ejemplo: 1800001,
   1800002, 180003, etc.
   A continuación se muestra como se deben ver los filtros:

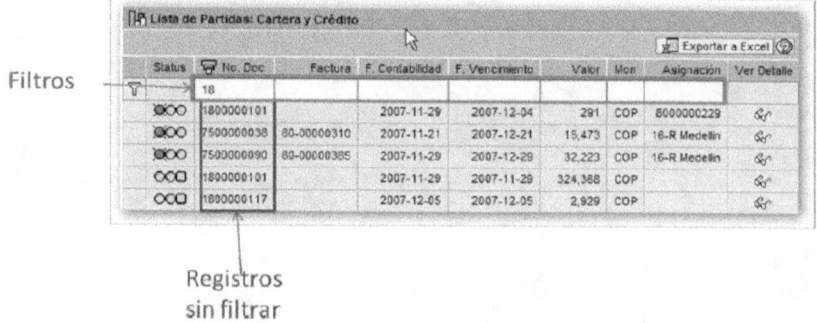

Filtros

Registros
sin filtrar

Para accionar el filtro que se puso, hay que dar clic en el botón

"enter" ó un clic en el botón   .

Ejemplo de filtrado =18

Icono de Filtro

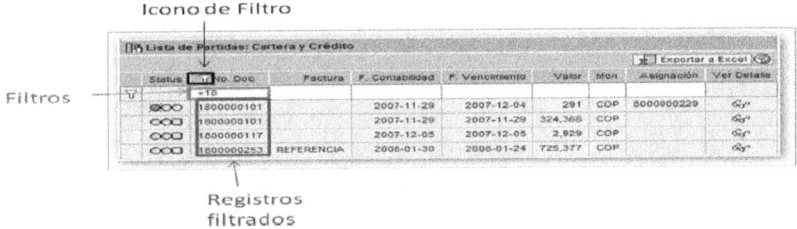

Filtros

Registros
filtrados

Nota: Adicionalmente si la especificación lo requiere se deben añadir rangos, es decir, si el usuario teclea en un campo 12~15, significa que debe traer todos los registros del 12 al 15.

Capítulo 6
Script de Pruebas

A continuación voy a mencionar un proceso que debería ser muy común entre los desarrolladores: el flujo de desarrollo de una aplicación y la relación entre el desarrollador, el funcional y el usuario solicitante, así como una metodología para llenar un script de pruebas y llevar un control sobre la secuencia de las órdenes de transporte desarrolladas.

Flujo de desarrollo de una aplicación

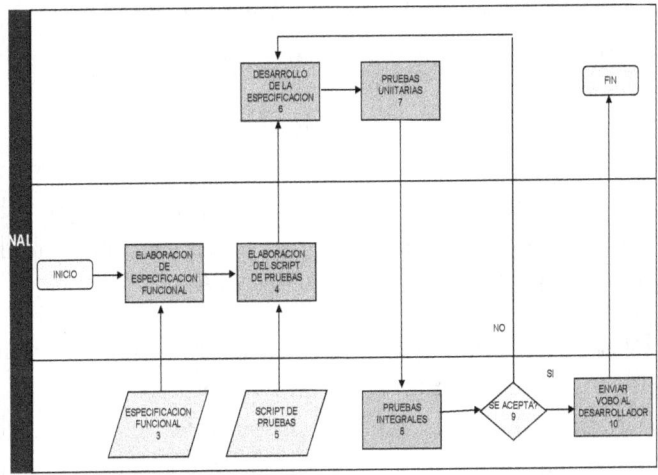

A continuación se explica paso a paso cuál debe ser el flujo de desarrollo de una aplicación, así como la manera de usar un

Script de Pruebas para asegurar el control de los desarrollos y de las órdenes de transporte.

1. Se comienza un nuevo desarrollo.

2 y 3. El consultor funcional, junto con el usuario clave, elaboran la Especificación Funcional del nuevo desarrollo.

4 y 5. El consultor funcional, con ayuda del usuario clave, elaboran un conjunto de datos mínimos para que el desarrollador pueda hacer pruebas al programa que se va a elaborar y envían la especificación funcional y el script de pruebas al desarrollador.

6. El desarrollador elabora el programa de acuerdo a la especificación funcional recibida.

7. El desarrollador hace pruebas unitarias con el conjunto de datos que creó el consultor funcional en desarrollo. Libera el desarrollo a QAS para que el usuario haga pruebas.

8. El usuario clave hace pruebas integrales en QAS.

9. Si cumple con lo especificado, renombra el archivo de Script de Pruebas con RES, y anexa el Word con las pantallas de los resultados positivos. Si no cumple, regresa el Script de Pruebas al desarrollador con las pantallas de los errores obtenidos durante sus pruebas (se repite desde el paso 6).

10. El desarrollador recibe el script de pruebas con la aprobación del usuario, renombra el archivo como OK e incrusta el correo con su VoBo, así como en la pestaña de Tranportes, coloca la secuencia de los transportes para PRO, e incrusta el formato de órdenes de transporte.

11. Se solicita el transporte a PRO de la aplicación. Fin del ciclo de desarrollo.

- **Nomenclatura:** El nombre del documento de Excel deberá comenzar con SP cuando lo elaboren el funcional y el usuario, y es el que recibe el desarrollador. Cuando el usuario libere sus pruebas integrales, deberá renombrarlo con RES al principio en vez de SP, y cuando se envíe el VoBo al desarrollador, éste lo renombrará con OK al principio.

Ejemplo:

SP_ZPRSD_001_PRECIOS_FXE.xls → Script original

RES_ZPRSD_001_PRECIOS_FXE.xls → Script con resultados

OK__ZPRSD_001_PRECIOS_FXE.xls → Script con VoBo

- **Manejo de Versiones**

- Deberá contener **cuatro** hojas:

  - ✓ **Casos de Prueba:** Script de Pruebas

  - ✓ **Resultados:** Resultados de Script de Pruebas

  - ✓ **Visto Bueno:** Correos

  - ✓ **Transportes:** secuencia de transportes

Script de pruebas con resultados:

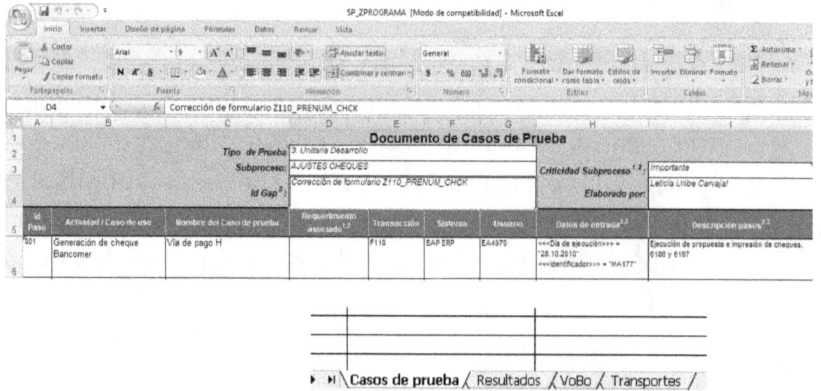

- **Nomenclatura:** El nombre del documento de Word deberá ser el mismo que el documento de Excel de Script de Prueba con Resultados.

  Ej. RES_ZPRSD_001_PRECIOS_FXE.doc

- Deberá contener imágenes para el mismo número de **"IdPaso"** o casos de prueba del documento de Excel de Script de Prueba con Resultados.

Evidencias Script de Prueba – Documento Word:

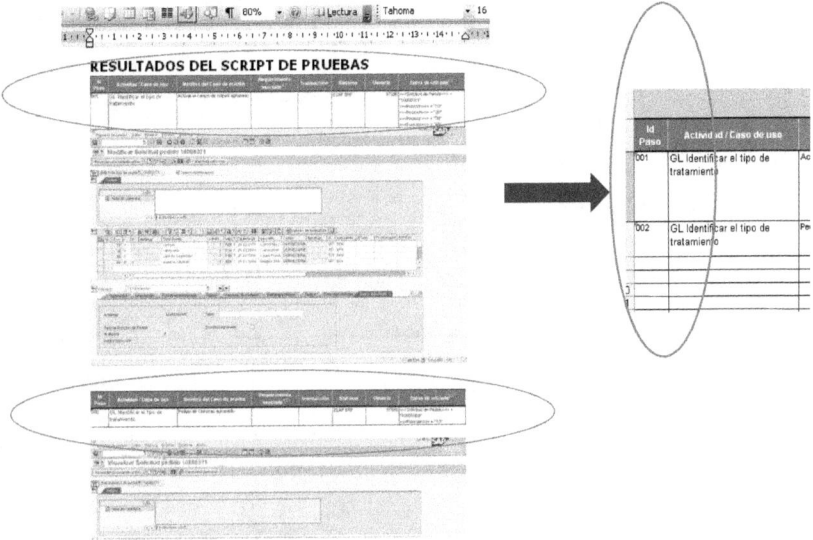

Inserción de archivos:

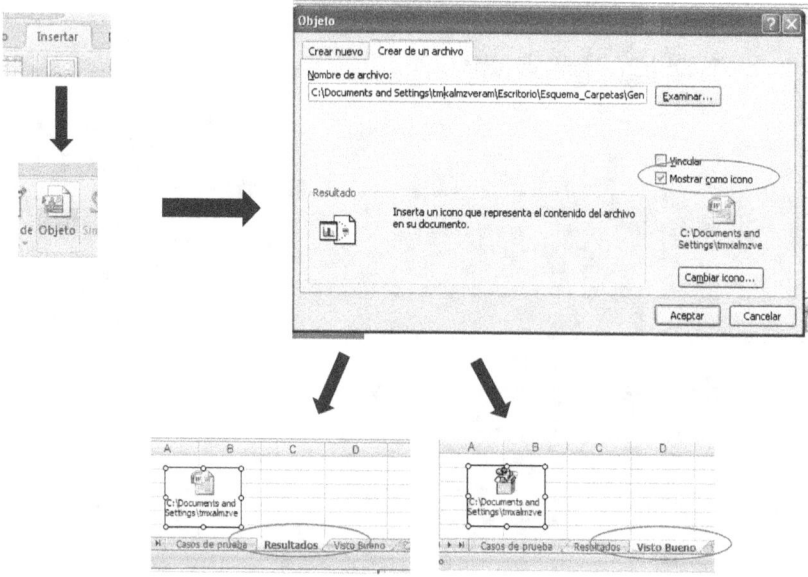

Inserción de secuencia de transportes:

Capítulo 7
Conclusiones

Como mencionaba al principio de este libro, les dejo una liga en donde podrán descargar de manera editable todos estos formatos para que puedan adaptarlos a su conveniencia y definir un estándar más acorde a sus necesidades. Además de los archivos del estándar de programación y del uso de script de pruebas, en la liga vienen anexos otros archivos para realizar un peer review de tus desarrollos, un cuestionario para tus clientes para que califiquen a tus desarrolladores y puedas tener retroalimentación sobre lo que puedes mejorar con tu equipo, y el formato de la hoja de cálculo con el script de pruebas. La liga es la siguiente:

http://bltmexico.com/ebook/ESA.zip

Fue un gusto para mí compartir con ustedes todo este conocimiento, espero que puedan aplicarlo en sus proyectos o adaptarlo a sus compañías para que quede de acuerdo a sus estilos. Me despido y les deseo ¡suerte en sus proyectos!

Gupton Brazile

Otros títulos del autor:

Líder SAP ABAP - ¡Aprenda cómo mejorar la calidad de sus desarrollos en ABAP!

Aprenda cómo controlar el crecimiento de su base de datos en ¡mySAP R3! Use la Guía Rápida de SAP Archiving para poner ¡manos a la obra!

Más títulos del autor se pueden encontrar en:
http://www.lulu.com/spotlight/gupton_brazile
email: Gupton.Brazile@hotmail.com
Blog: http://guptonbrazile.bltmexico.com

www.ingramcontent.com/pod-product-compliance
Lightning Source LLC
Chambersburg PA
CBHW071442180526
45170CB00001B/419